튜튜, 욕망을 입다

발레 의상에 관한 거의 모든 것

일러두기
- 일부 프랑스어 발음은 국립국어원의 외래어 표기법 규정을 따르지 않고, 실제 원어 발음에 더 가까운 국문으로 표기했다. 표기법 규정과 원어의 발음이 차이가 큰 경우, 국내에서 통용되는 발음과 표기에 가깝게 절충했다.
- 메소드별 용어의 이름이 조금씩 다른 경우는, 우리나라에서 발레 교습 시 가장 흔히 사용하고 있는 체케티와 바가노바 메소드를 기준으로 했다.

튜튜, 욕망을 입다
발레 의상에 관한 거의 모든 것

정한아

지음

FLOOR WORX.

Belubekova Natalia Arkadyevna,
1948~2012
벨루베코바 나탈리아 아르카제브나에게
이 책을 바칩니다.

IN

욕망의 집약체, 튜튜를 소개합니다

우리는 이미 일상에서 튜튜 혹은 발레리나 룩을 자연스럽게 접하고 있습니다. 발레리나의 슈즈를 모방한 플랫 슈즈는 물론 망사 스커트, 튤(tulle) 스커트, 샤 스커트라는 다양한 이름으로 불리는 여성의 치마, 발레리나 번의 또 다른 이름 똥머리 혹은 올림머리, 토슈즈를 연상시키는 다양한 핑크색 공단 리본 장식, 랩 가디건 등 발레리나를 상징하는 여성스러운 옷과 장신구들은 누구나 한 번쯤 접해봤을 법한 패션 아이템입니다.

하지만 튜튜에서 영감을 받은 패션이 우리의 일상생활 속 매우 가까운 곳에서 만날 수 있지만, 왠지 나와는 상관없는 발레리나의 전유물처럼 다른 세상에서나 존재하는 듯 느껴지죠. '발레리나나 입을 법한 옷을 내가 언제 어떻게 입나?'라는 생각에 발레 의상들은 아무나 입을 수 없고 무대에서나 어울리는 의상이라고 생각할 수 있어요.

이처럼 가깝지만 멀게 느껴지는 튜튜는 무엇을 의미하는 것일까요? 튜튜는 자연 발생적으로 탄생한 의상이 아닙니다. 분명 '발레'라는 특화된 예술을 위해 인위적으로 만들어진 의상입니다. 그런데 이 의상에는 인간이 예술에 품는 건전하고도 도도한 욕망이 함께 숨어 있습니다. 그저 화려해 보이는 의상 뒤에 숨어 있는 인간의 매력적인 욕망은 과연 무엇일까요? 저는 이 책에서 여러분과 함께 인간이 지닌 예술적 욕망의 집약체인 튜튜에 관한 이야기를 나누고 싶습니다.

튜튜에 대한 이야기라고 해서 발레리나의 스커트만 소개하지 않습니다. 튜튜는 발레의 상징이기도 하고 무대 위 무용수의 의상이기도 하며, 동시에 발레 역사의 현존하는 증인이기도 하지요. 수많은 이야기를 담고 있는 이 옷이 도대체 무엇인지, 어떻게 만들어지는지, 어떤 과정을 거쳐 현재의 모습을 가지게 됐는지, 또 어떻게 입어야 바르게 입을 수 있는지, 우리의 궁금증을 하나씩 꺼내보려 합니다.

저와 함께하는 이 책의 여정이 부디 흥미롭고, 즐겁길 바랍니다. 더불어 튜튜의 매력에 흠뻑 빠지는 계기가 되었으면 좋겠습니다.

《튜튜, 욕망을 입다》와 함께하실 준비가 되셨나요?

CONTENTS

IN	욕망의 집약체, 튜튜를 소개합니다	6

제1장 튜튜란 무엇인가?

튜튜, 너의 이름은!	13
발레리나의 의상	17

EPISODE 1 튜튜 더 비기닝 36

발레리노의 의상	38

제2장 발레 의상은 어떻게 변화했을까?

16세기	궁정 발레 시기 스토마커 이야기	53
17세기	무대 의상의 등장 태양왕 루이 14세	63
18세기	발레 의상의 르네상스 빠니에의 원조는 발레다	77
19세기	낭만 발레 의상 로맨틱 튜튜의 탄생	91
20세기	고전주의 발레 의상 클래식 튜튜의 완성	102
21세기	발레 의상의 진화 패션과 컬래버레이션	114

| 제3장 | 튜튜 제작소 | 127 |

1. 치수 재기
2. 작품과 디자인에 대한 토론
3. 디자인 결정
4. 패턴 만들기
5. 가봉하기
6. 수정하기
7. 의상 제작 단계
8. 장식하기
9. 합복하기
10. 장신구 달기
11. 완성 및 피팅
12. 마무리 작업

EPISODE 2 튜튜 더 비기닝 148

| 제4장 | 발레 의상에 관한 궁금증 | 153 |

| OUT | 나는 발레 의상 디자이너입니다 | 177 |

〈라 바야데르〉 감자타 의상
©Yoon6Photo

제1장

튜튜란 무엇인가?

튜튜, 너의 이름은!

어떤 장르의 예술이 이렇게 아름답고 특별한 복식을 가지고 있을까요? 적어도 제가 아는 지식 내에서는 한 예술 장르를 위한 전용 복식이라는 건 없는 것 같아요. 발레리나의 튜튜 스커트를 제외한다면 말이죠.

발레 하면 제일 먼저 떠오르는 옷 튜튜! 발레 의상을 너무도 사랑한 나머지 직접 만들고 있는 저로서는 튜튜는 곧 발레의 위대한 발명품이자 발레리나만이 누릴 수 있는 최고의 특권이라는 생각도 듭니다. 발레가 등장해 오늘날 우리 곁에 있기까지 약 600년이라는 아주 오랜 시간이 흘렀습니다. 여전히 발레는 사람들의 관심과 사랑 속에서 공연되고 있습니다. 과연 그토록 많은 이들이 사랑하는 발레는 아름다운 음악에 맞춰 어떤 옷을 입고 춤을 출까요?

하나의 대상을 알기 위해선 먼저 이름의 유래부터 알아봐야 합니다. 발레리나가 입는 튜튜라는 의상의 어원에서부터 출발하도록 하겠습니다.

'튜튜(tutu)'라고 입술을 오므리고 소리 내어보면 상당히 귀엽고 매력적인 이름이라는 생각이 듭니다. 이렇게 예쁜 이름의 튜튜는 어떻게 유래된 것일까요? 보통 튜튜를 하의인 스커트로만 생각하시는 분들이 많아요. 절반은 맞고 절반은 틀린 표현인데요. 튜튜의 시작은 하의를 가리키는 말로 쓰였지만 현재는 발레리나의 의상 전체 혹은 의상의 실루엣이라는 의미를 모두 포함합니다. 다시 말해 발레리나가 입는 상의와 하의가 모두 합쳐진 의상을 뜻합니다. 그러니 적어도 우리만큼은 튜튜를 단순하게 스커트로만 생각하지 않기로 해요.

튜튜의 어원에는 몇 가지 설이 있습니다. 최초의 튜튜가 등장한 것은 1832년 마리 탈리오니의 〈라 실피드〉라고 기록하고 있습니다. 하지만 이 단어는 1881년 이전까지는 어디에도 기록되지 않았습니다.

tulle = tutu?

18세기 프랑스, 레이스[1]와 실크의 주요 생산지였던 도시가 있었습니다. 바로 '튈(Tulle)'이라는 프랑스 중남부의 도시 이름에서 유래됐다는 설입니다. "거기로 가봐! 튈에 가면 구할 수 있어!" 이곳에 가면 얇은 명주 그물 망사를 쉽게 구할 수 있었거든요. 다른 유럽 국가들에 비해 프랑스에서 먼저 망사를 사용했다고 알려

---

[1] 실의 꼬임이나 엮음 또는 편성으로 짜여 성글고 구멍이 있는 얇은 장식용 편물이다. 사람이 직접 짜는 수편 레이스와 기계에 의한 기계 레이스의 두 종류가 있다.

져 있어요. 당연히 파리의 발레 의상에서도 먼저 시작됐죠.

cucu = tutu?

또 다른 설은 프랑스 아기들의 발음과 관련이 있습니다. 하의를 뜻하는 프랑스어 단어 '퀴퀴(cucu)'를 아기들이 튀튀라고 발음한다고 합니다.

예전 프랑스에서 한창 발레가 유행할 무렵, 프랑스의 서민들도 발레를 보기 위해 극장을 많이 찾았습니다. 그런데 그들이 주로 앉았던 자리는 객석의 맨 앞줄이나 양쪽 무대 아래였습니다. 가장 가격이 저렴한 자리였기 때문이죠. 이 구역에서는 주로 발레리나들의 치마 아래나 무용수들의 하의만 보였다고 해요. 객석에서 무대 위를 올려다볼 수밖에 없으니까요.

결국 사람들은 공연 내내 낭만 발레의 대표적 의상인 흰색의 발레리나 스커트, 즉 치마 속만 보고 와야 했습니다. 본의 아니게 발레리나의 치마 속을 많이 보게 되면서 프랑스 아기들의 표현이자 '사랑스러운 엉덩이'라는 뜻의 '퀴퀴'에서 '튀튀' 혹은 '튜튜'로 바뀌었다고 전해집니다.

cul = tutu?

프랑스어 '퀼(cul)'에서 파생됐다고도 전해집니다. 이 말은 프랑스에서 여성의 다리 사이를 뜻하는 속어인데요. 19세기 당시 프랑스 파리 오페라 발레단에는 부유한 남성 후원자들이 많았습니다. 그들은 주로 극장 로비에서 발레리나들과 데이트하거나 리허설을 관람하고 분장실까지 자유롭게 드나들 수 있었다고 해요. 드가가 그린 수많은 발레리나 그림에는 검은 정장을 입은 남자들이 종종 등장하는데 바로 그 시대의 스폰서들입니다. 이들은 장난스럽게 발레리나의 스커트 뒤를 톡톡 두드리며 "나는 당신의 엉덩이(혹은 바닥)를 때릴게요[pan pan cucu(tutu)]"라고 말했다고 해요. 지금 시대라면 참으로 난감한 발상인데 당시에는 이런 문화가 팽배해 있었죠.

이렇듯 튜튜는 여러 어원에서 유래해 현재는 일반 명사처럼 사용되고 있습니다. 사랑스런 발음에 잊을 수 없는 실루엣을 가지고 있는 매력적인 튜튜. 이제부터는 옷의 구석구석까지 함께 살펴보도록 하겠습니다.

발레리나의 의상

보통 튜튜는 크게 '로맨틱 튜튜'와 '클래식 튜튜'로 분류합니다. '발레의 역사는 발레리나의 스커트 길이와 함께한다'는 말처럼 발레리나의 스커트인 튜튜는 (18세기 마리 카마르고가 과감하게 스커트를 발목까지 자르고 난 뒤로도) 매우 긴 시간 동안 발레와 함께 발전해 왔습니다. 어쩌면 로맨틱과 클래식이라는 단 두 가지 형식으로 정리한다는 것이 무리가 아닐까 싶어요. 이 두 종류의 튜튜는 길이와 실루엣에 따라 더 세부적으로 분류할 수 있습니다. 여기서는 발레와 관련된 많은 자료와 문헌 속에서 가장 많이 활용되는 구분법인 튜튜의 길이, 형태, 특징에 따라 대략 여섯 가지 형태, 그리고 지역적인 특성에 따라 다섯 가지로 나눠보겠습니다.

튜튜의 실루엣

시대별		지역별
로맨틱	로맨틱	유럽식
	벨	유럽식
클래식	플래터	유럽식
	팬케이크	러시아식
	엄브렐라	러시아식의 변형
	파우더 퍼프	미국식

1. 로맨틱 튜튜
(Romantic tutu)

로맨틱 튜튜 하면 여러분은 어떤 발레 의상이 생각나세요? 아마도 〈지젤〉이라고 대답하는 분들이 가장 많을 텐데요. 맞아요! 〈지젤〉 2막의 정령 윌리들의 의상도, 1막에 등장하는 주인공 지젤과 마을 처녀들의 의상도 모두 로맨틱 튜튜라고 부릅니다.

초기 로맨틱 튜튜는 대부분 길이가 발목 위에서 종아리 중간쯤 오는 정도였습니다. 주인공 지젤의 초기 의상도 지금보다는 좀 더 길었거든요. 시간이 흐르며 스커트의 길이가 점차 다양해졌습니다. 그럼 지금부터 튜튜라는 용어를 선물해준 '로맨틱 튜튜'에 대해 좀 더 자세히 알아보도록 하겠습니다.

로맨틱 튜튜는 원피스처럼 보이지만 사실 상의와 하의를 따로 만들어 한 벌처럼 입는 옷입니다. 의상에서 상의는 보디스(bodice)[2], 하의는 스커트(skirt)라고 부릅니다. 이 책에서는 모두 보디스와 스커트라고 부르도록 하겠습니다. 기억해주세요.

상의, 즉 보디스부터 이야기해볼게요. 보통 6~8조각의 패턴들이 합쳐져 하나의 보디스를 이룹니다. 우리가 입는 일상복을 한번 보세요. 여러분이 지금 입고 있는 옷은 어떤가요? 보통은 옷감이 앞면과 뒷면, 혹은 앞면의 오른쪽과 왼쪽 그리고 뒷면의 2~3조각으로 이루어져 있습니다. 반면 로맨틱 튜튜의 보디스는 옷감이 6조각 이상으로 구성돼 있습니다. 발레리나의 몸에 꼭

---

[2] 일반적으로 16세기에서 18세기 사이 유럽에서 흔히 볼 수 있는 특정 유형의 상의 또는 스커트와 소매를 따로 구별하기 위해 만들어진 드레스의 윗부분을 가리킨다. 예를 들어 발레 튜튜처럼 별도의 치마와 몸통이 있는 두 부분을 하나로 착용할 수 있도록 패브릭을 일치시키거나 조정하는 것을 말하며, 볼륨감 있는 스커트와 몸에 꼭 맞는 바디를 매치하는 경우 사용하는 양재 용어다. 현재 사용되는 보디스라는 영어 단어는 드레스의 윗부분, 특히 해당 부분이 몸통에 딱 맞는 경우를 말한다.

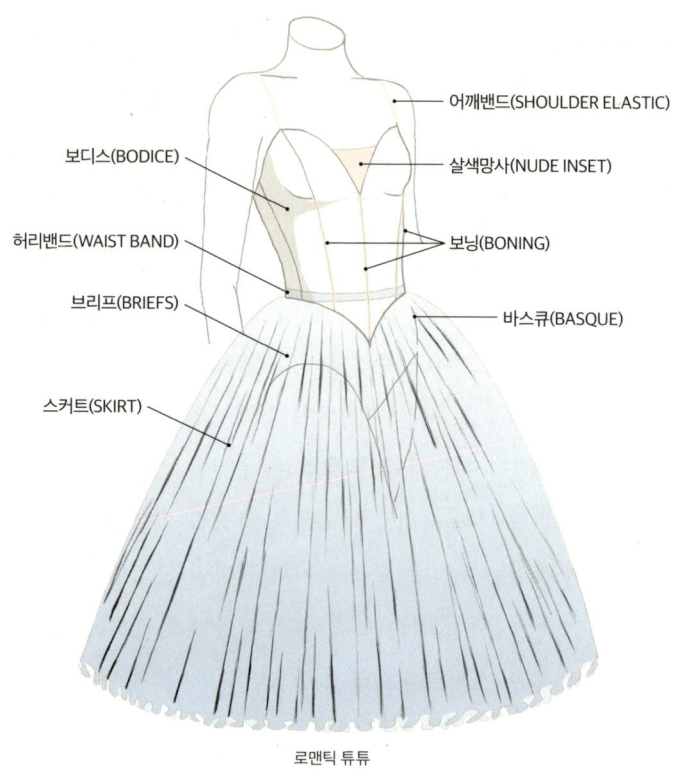

로맨틱 튜튜

맞는 의상을 만들기 위해 앞가슴의 정중앙을 기준으로 옷감을 앞면, 옆면, 뒷면으로 좀 더 세밀하게 나눈 것입니다. 또한 로맨틱 튜튜가 생겨난 19세기 유럽의 여성들은 옷 안에 코르셋이라는 속옷을 입어 허리를 잘록하게 만들고 날씬하게 보이도록 했습니다. 이러한 복식의 문화가 발레 의상에도 고스란히 남아 있는 것입니다.

스커트에 대해 이야기를 해볼까요? 로맨틱 튜튜의 스커트는 옷감이 3겹일까요? 아니면 4겹 혹은 5겹일까요? 정답은 모두 맞습니다. 뒤에 설명할 클래식 튜튜보다는 비교적 부드러운 망사가 층층이 쌓여 있습니다. 간혹 6겹이 달리기도 하는데요. 이때는 보통 망사가 아닌 실크(silk), 오간자(organza)나 시폰(chiffon)처럼 부드럽고 가벼운 소재들을 사용해요. 얇아서 하늘하늘 비치기도 합니다.

우리가 일상에서 입는 스커트는 보통 허리에서 시작됩니다. 발레리나의 스커트는 골반 부분인 바스큐(basque)[3]에 층층이 치마가 달리는 것이 특징입니다. 그리고 허리에서 상체와 하체가 연결됩니다. 용어도 그렇지만 조금 생소한 방식이죠?

아! 그리고 지금은 너무 당연한 일이지만, 초기의 로맨틱 튜튜에는 팬티가 없었어요. 그런데 로맨틱 튜튜가 등장한 19세기 초 이후, 무용수의 움직임과 동작이 점점 더 커지면서 무대 위에서 연기하는 무용수의 다리나 엉덩이가 노출되는 일이 빈번하게 발생합니다. 점프하거나 빠른 속도로 턴을 돌 때 무용수의 속살이 불필요하게 드러난다면 무용수도 관객도 온전히 집중할 수 없었을 겁니다. 그 때문에 무용수들은 속바지를 입어야 했고 편의를 위해 의상에 붙이는 형태로 제작하게 됐습니다. 발레리나들이 입는 속바지(underpants), 즉 브리프(briefs)가 점점 짧아지면서 오늘날 팬티 모양의 의상에도 브리프라는 이름이 붙게 됐습니다. 아직도 유럽이나 많은 극장에서는 팬티보다 브리프라고 부르는 곳이 많습니다.

브리프는 보통 허리 부분이 아닌 골반 바스큐에 연결돼 있습

---

[3] 프랑스에서 기원한 여성의 의복 중에 하나로, 보디스의 한 종류 혹은 재킷을 의미한다. 현재는 주로 몸에 맞게 상체의 윤곽을 드러내고 허리에서부터 엉덩이까지 조여주는 넓고 긴 코르셋을 의미한다. 바스크인들의 전통 복장에서 차용해왔기 때문에 바스큐로 불린다. 발레 튜튜에서는 허리에서 엉덩이까지 이르는 골반 부위에 꼭 맞도록 만든 의복을 바스크 혹은 바스큐라 부른다.

니다. 이는 무용수의 움직임을 편안하게 만들어주고 노출을 줄여주는 기능을 합니다. 만약 허리에 연결돼 있다면 춤을 출 때 스커트가 많이 올라갈 수밖에 없을 겁니다. 반면 바스큐(골반)에 브리프(팬티)가 붙어 있으면 스커트가 덜 올라갑니다. 의상 제작에 있어서 기능을 중시해야 하는 이유이기도 합니다. 로맨틱 튜튜를 입는 발레 작품은 대표적으로 〈지젤〉, 〈고집쟁이 딸〉, 〈라 실피드〉, 〈쇼피니아나〉 등이 있습니다.

로맨틱 튜튜는 시간이 지나면서 조금씩 길이가 짧아졌습니다. 무릎길이의 스커트들이 등장하는데요. 바로 벨 튜튜(bell tutu)라고 불리는 의상입니다. 로맨틱 튜튜의 한 종류이지요. 드가의 그림 속 발레리나의 의상으로 더욱 유명한 종 모양의 스커트입니다. 망사 중간에 와이어를 넣지 않아 스커트 밑단으로 갈수록 아래로 처지며 옆으로 퍼지는 종 모양을 이루죠. 초기의 로맨틱 튜튜보다는 길이가 짧고 비교적 뻣뻣한 망사를 사용합니다. 볼쇼이 발레단의 〈코펠리아〉 중 '시간의 왈츠' 장면이나 〈어웨이크닝 오브 플로라〉에서 볼 수 있는 의상들이 바로 벨 튜튜입니다.

2. 플래터 튜튜(platter tutu)
=유럽식 클래식 튜튜
(European classic tutu)

유럽식 클래식 튜튜는 로맨틱 튜튜에서 스커트가 매우 짧아진 형태로 발전한 의상입니다. 그림에서처럼 상의인 보디스는 로맨틱 튜튜와 거의 동일한 모습인 반면, 스커트의 길이는 확연히 짧아졌죠. 수평에 가까운 모습입니다. 역시나 투피스로 이루어진 의상을 허리밴드 부분에서

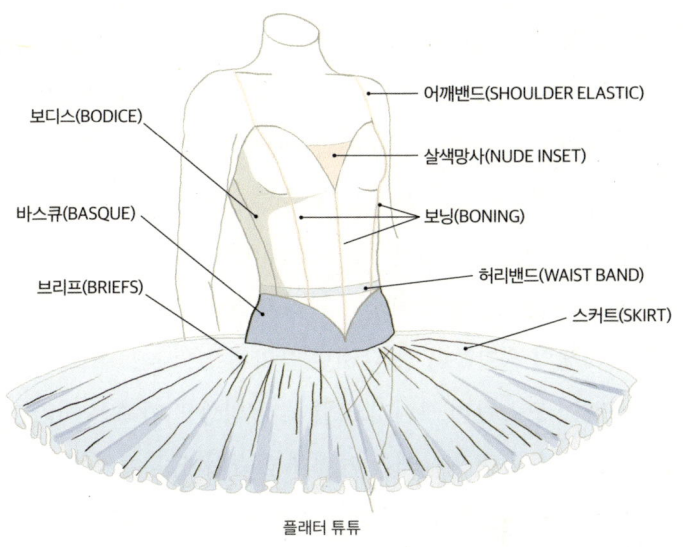

플래터 튜튜

원피스처럼 연결하고 있습니다. 자연스럽게 한 벌의 의상처럼 보입니다. 이 튜튜는 러시아식 클래식 튜튜인 팬케이크 튜튜와 실루엣이 매우 비슷합니다. 상의는 길이가 짧고 뾰족한 모양의 보디스가 대부분이고, 하의는 와이어 후프가 없는 플래터 튜튜가 붙어 있는 것이 보통입니다. 보디스는 로맨틱 튜튜와 같이 평균적으로 6~8조각의 패턴으로 이루어져 있어요. 앞에서 설명한 로맨틱 튜튜의 보디스와 거의 동일합니다.

그럼 스커트는 어떨까요? 수평에 가깝게 펼쳐진 스커트는 8~10겹의 매우 뻣뻣한 망사와 복잡한 바느질로 만들어졌습니다. 유럽식 클래식 튜튜에는 일반적으로 와이어 후프가 들어 있지 않아 시간이 지나면 중력이나 사용감에 의해 자연스럽게 튜튜가 아래로 처지는 모습을 볼 수 있어요.

이 튜튜의 보디스는 주로 실크나 브로케이드 같은 직물을 겉감으로 사용합니다. 신축성이 없고 매우 비싼 소재인 데다 주름도 잘 지고 오염에도 약한 덕분에 상대적으로 안감의 역할이 매우 중요합니다. 서양의 드레스와 마찬가지로 안감은 비교적 단단하고 두꺼운 면이나 캔버스, 혹은 트윌 소재들을 사용하기도 합니다. 옛날에는 코르셋처럼 보닝(뼈대)을 넣기도 했습니다. 또한 겉감과 안감을 함께 재단하고 봉제하기 때문에 의상의 안쪽으로 시접의 솔기들이 양 갈래로 갈라져 있고 바느질의 매듭이나 모양이 고스란히 보이기도 합니다. 의상의 안쪽은 허리밴드 부분을 기준으로 위아래가 연결돼 있습니다. 무용수의 움직임이 편안하도록 신축성이 좋은 고무 밴드로 상·하의를 연결하기도 합니다.

이 튜튜는 발레리나들의 테크닉이 절정을 이루며 관객들에게 사랑을 듬뿍 받던 시절인 19세기 중후반에 탄생한 의상입니다. 테크닉이 매우 훌륭했던 이탈리아의 무용수들이 처음 착용했다고 알려져 있습니다. 유럽식 클래식 튜튜는 지금도 많은 발레단에서 제작해 입고, 공연에서도 흔히 만나볼 수 있는 의상입니다. 우리나라에서도 가장 보편적이고 일반적인 튜튜의 제작 방식으로 많은 사랑을 받고 있습니다.

3. 팬케이크 튜튜 (pancake tutu)
=러시아식 클래식 튜튜 (Russian classic tutu)

러시아식 클래식 튜튜는 유럽식 클래식 튜튜보다 늦게 태어났습니다. 러시아의 발레가 많은 사랑을 받으며 비약적으로 발전한 시기인 20세기에 와서야

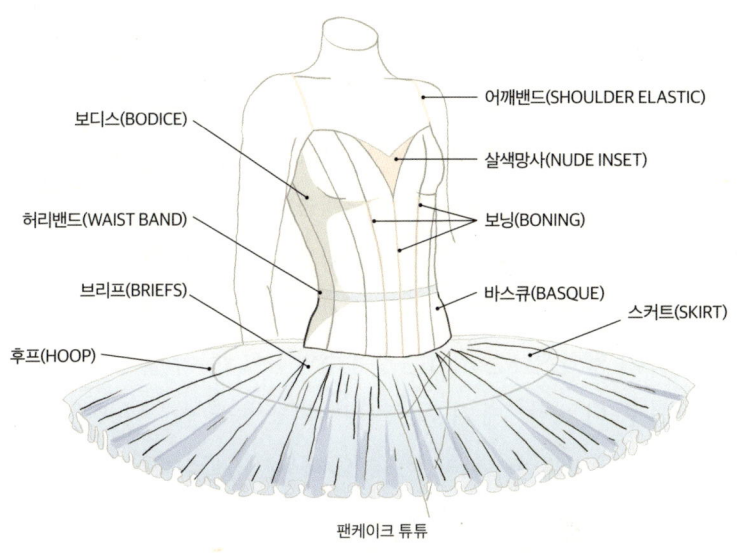

팬케이크 튜튜

만들어진 발레 의상의 한 형태입니다. 상체에 입는 보디스, 골반에 입는 바스큐, 하의인 스커트, 팬티인 브리프라는 구성은 유럽식 튜튜와 동일합니다. 그러나 겉으로 보기에 상·하의를 구분하지 않고 원피스처럼 자연스럽게 하나로 연결시켰다는 점이 가장 큰 특징입니다.

이 튜튜의 다른 이름은 팬케이크 튜튜(pancake tutu)인데요. 말 그대로 팬케이크처럼 납작하고 둥글게 펴진 접시 모양의 튜튜입니다. 엉덩이에서 직선으로 퍼지면서 10~12겹의 매우 빳빳한 망사들로 이루어져 있습니다. 무수히 많은 주름을 층층이 쌓아 단단하게 만들고 중간층에는 와이어 후프를 끼워 치마를 받쳐줌으로써 튜튜의 동그란 형태를 유지합니다. 맨 위 레이어는 튜튜의 주름을 장식으로 사용하기도 해요. 볼쇼이 발레단이나 마린스키 발레단, 우크라이나 키이우, 카자흐스탄 알마티, 아스타나 국립 발레단에서 주로 입는 러시아식 튜튜에서 많이 볼 수 있는 형태입니다. 만드는 과정이 매우 복잡해서 전문가들도 기본 튜튜를 한 벌 제작하는 데 평균 40~60시간 정도 필요하다고 합니다.

일반적으로 하의인 튜튜 스커트에는 와이어 후프를 넣어 튜튜를 수평으로 지지해줍니다. 옷감이 8~10조각의 패턴으로 이루어진 보디스에 팬케이크 튜튜가 합쳐진 모습이지요. 상체의 패턴 수가 많아진다는 의미는 무용수의 몸에 좀 더 밀착되도록 옷감을 좀 더 세밀하게 나눈다는 뜻이에요. 물론 만드는 과정에서 기술과 시간뿐만 아니라 정교함도 더욱 필요합니다.

이렇게 유럽의 튜튜 제작 기술이 러시아에서 한 번 더 발전하고 크게 변화할 수 있었던 중요한 계기가 있습니다. 바로 전쟁입니다. '아니, 전쟁이 발레에 무슨 영향을 준다고?'라고 생각할 수 있지만 분명 영향을 미쳤습니다. 전혀 영향이 없을 것 같은 발레라는 예술과 전쟁은 전 세계의 사람들에게 실로 막대한 영향을 미치게 됩니다.

비극의 제1차 세계 대전이 일어나면서 유럽은 대혼란의 시기를 맞이합니다. 더 이상 사람들은 여유롭게 극장에 앉아 우아하게 발레를 즐길 수 없었어요. 대부분의 극장이 문을 닫게 됐습니다. 이때 러시아는 유럽에서 주로 활동하던 많은 예술가들을 초청합니다. 이후 러시아의 발레가 비약적인 발전을 이루었죠.

1917년 러시아 혁명으로 왕정 시대가 막을 내리며 사회주의 국가인 소비에트 사회주의 공화국 연맹이 등장했습니다. 그 덕분에 오늘날 러시아에 해당하는 사회주의 국가는 많은 나라와 단절된 채 지내게 됩니다. 하지만 아이러니하게도 발레를 국가에서 정치적으로 이용하면서 러시아 사람들은 발레를 더 많이 접할 수 있었습니다. 이때부터 러시아에서 발레나 발레 의상은 유럽 귀족의 전유물이 아닌 너와 내가 아는 혹은 우리들이 모두 즐길 수 있는 문화 예술로 변모합니다. 자연스럽게 발레의 주제나 발레 의상도 더 이상 황실이나 귀족적인 색깔을 띠지 않게 됐어요. 더 쉽고 더 저렴하게 구할 수 있는 재료로 최상의 효과를 낼 수 있는 발레 의상이 필요하게 됐죠.

이처럼 두 번의 커다란 전쟁 이후 실용적이고도 대중적인 의상에 대한 수요가 등장하는 시기와 맞물리면서 무용수들의 테크닉도 비약적인 발전을 이룹니다. 또한 무용수들의 동작을 방해하는 요소가 없는 편안한 의상을 최고의 가치로 인정하게 됩니다. 철저히 무용수의 입장에서 발레 의상을 바라보게 된 것입니다. 이러한 변화들이 20세기를 거쳐 러시아의 사회주의가 붕괴된 이후 다시 한번 세상에 알려지게 됐습니다. 이것이 바로 오늘날 SNS나 인터넷을 통해 접하고 있는 러시아의 발레와 발레 의상이 탄생하게 된 배경입니다.

러시아식 팬케이크 튜튜에서 파생된 엄브렐라 튜튜(umbrella tutu)도 함께 알아두길 바랍니다. 마치 우산처럼 자연스러운 곡선으로 떨어지는 형태의 클래식 튜튜인데요. 층층이 쌓인 주름 층 중간에 우산의 둥근 모양을 유지시켜주는 와이어 후프가 들어 있습니다. 후프의 길이나 사이즈는 팬케이크 튜튜보다는 크지 않습니다. 튜튜의 길이는 보통 허벅지 중앙까지 오는 것이 일반적이지만 디자인에 따라 무릎 위까지 오는 조금 더 긴 형태도 있습니다.

엄브렐라 튜튜가 매우 매력적으로 보이는 것은 춤을 출 때 와이어 후프와 형태 때문에 스커트가 살상살랑 움직이기 때문이죠. 마치 무용수와 함께 춤을 추는 것만 같은 스커트 덕분에 매우 우아한 움직임을 연출할 수 있습니다.

다른 클래식 튜튜처럼 만드는 과정과 마찬가지로 아주 복잡하고 전문적인 기술이 필요합니다. 또한 형태 유지를 위해 의상 보관에도 특별한 관리가 필요합니다. 요즘 들어 많이 만나볼 수 있는 튜튜입니다. 가장 대표적인 발레 작품으로는 볼쇼이 발레단과 마린스키 발레단, 바가노바 발레 학교의 〈파키타〉, 〈어웨이크닝 오브 플로라〉와 볼쇼이 발레단의 〈에스메랄다〉, 〈코펠리아〉가 있습니다.

4. 파우더 퍼프 튜튜 (powder puff tutu)
=미국식 클래식 튜튜 (American classic tutu)

미국에서 가장 많이 만들어진 미국식 클래식 튜튜에는 독특한 별명이 있습니다. 앞에서 소개했던 파우더 퍼프 튜튜 혹은 발란신 튜튜(Balanchine tutu)입니다. 튜튜 스커트의 모양이 여성들의 화장품인 파우더를 바를 때 사용하는 분첩처럼 동그랗고 귀엽게 생겨서 붙은 별명이에요. 이름만큼 실루엣도 몹시 귀여운 튜튜입니다. 작고 동그란 모양과 퍼프처럼 보송보송한 두께감까지 튜튜에 반영돼 있습니다.

안무가 조지 발란신의 〈심포니 인 씨 Symphony in C〉, 〈주얼스 Jewels〉, 〈성조기 Stars and Stripes〉 등 1940년대 이후에 등장한 많은

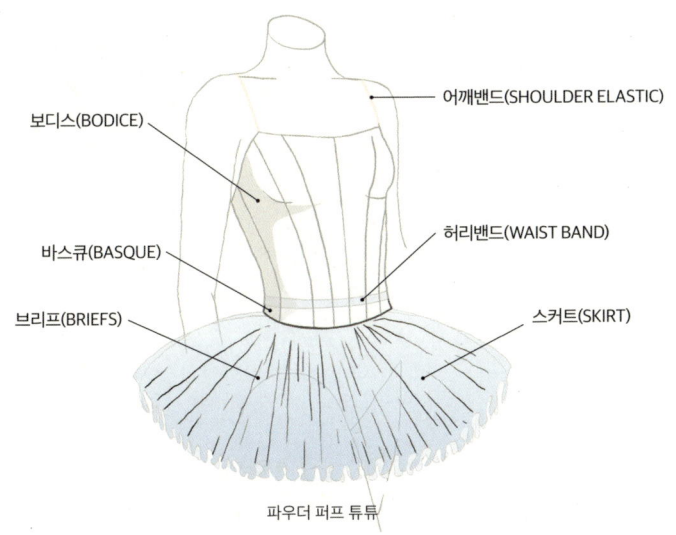

파우더 퍼프 튜튜

작품에서 쉽게 찾아볼 수 있는 의상입니다. 또한 이 짧은 튜튜는 미국, 특히 아메리칸 발레 시어터와 뉴욕 시티 발레단에서 입기 시작해 1960년대 이후 영국에서 활동한 마고 폰테인(Margot Fonteyn, 1919~1991)의 의상과 마린스키 발레단, 볼쇼이 발레단 의상에서도 찾아볼 수 있어요. 작고 귀여운 튜튜가 또 한 번 전 세계를 휩쓸며 발레 의상의 대유행을 선도한 것이죠.

5. 그 외의 발레 의상

발레 의상에 튜튜만 있는 것은 아닙니다. 물론 튜튜가 대부분이지만, 그냥 지나칠 수 없는 매력적인 발레 의상 몇 가지를 소개드리고자 합니다. 튜튜는 아니지만 또 다른 발레리나의 의상입니다.

키톤

〈에스메랄다〉의 그랑파 다이애나와 악테온이나 〈돈키호테〉의 큐피드 의상으로 익숙한 이 의상은 그리스식 복식에서 영감을 얻은 디자인입니다. 키톤(chiton) 혹은 히톤으로 불리며 많은 발레 작품에서 사랑을 받았어요. 발레리나의 클래스나 리허설에서 필수품처럼 여겨지는 스커트 '튜닉'도 사실 그리스 복식에서 시작됐으니 엄청난 역사를 가지고 있는 의상입니다. 사실 그리스에서는 남녀 모두 키톤을 입었어요. 그리스·로마를 배경으로 한 영화에서 한쪽 어깨에 옷감을 툭 걸쳐 늘어뜨린 채 치마를 입은 남자를 한 번쯤은 봤을 겁니다(정확히 말하자면 고대 그리스의 키톤이 발전해 중세 시대에 튜닉이라는 복식 용어가 나오게 됐습니다).

키톤은 아주 오랜 시간 다양한 작품에서 무대 의상으로 사용됐습니다. 예를 들면 〈목신의 오후〉에서는 발목까지 오는 긴 길이의 키톤을 입기도 하고 〈돈키호테〉의 큐피드에서처럼 아주 짧은 길이의 스커트를 입기도 합니다. 볼쇼이 발레단의 〈파라오의 딸〉에서도 이 그리스 스타일의 의상을 만나볼 수 있습니다.

그림 속 스타일의 발레 의상을 보면 어떤 작품이 떠오르나요? 〈로미오와 줄리엣〉이나 〈해적〉이 생각날 겁니다. 프랑스 혁명 이후 발레 의상은 화려하고 과장된 귀족들의 복식에서 벗어나 인간 본연의 자연스러운 모습을 미의 기준으로 삼아 변화합니다. 허리 부분은 한껏 잘록하고 스커트로 크게 부풀린 드레스는 자연스럽지 못할뿐더러 불필요하고 과장된 실루엣으로 여기는 분위기가 만들어졌죠. 그리고 바로 그 무렵부터 가슴선이 높은 엠파이어 스타일의 의상이 등장합니다. 코르셋을 벗어던지고 가슴선 바로 아래에서 시작하는 스커트를 입기 시작하죠. 자연스럽게 몸을 타고 흘러내리는 실루엣의 엠파이어 드레스가 본격적으로 대유행을 하게 됩니다.

또한 다양한 소재가 개발돼 직물이 발달되면서 부드러운 천, 늘어나는 천이 등장해요. 네오클래식 튜닉은 마치 엠파이어 드레스를 연상시키며 레오타드 위에 시폰 스커트를 덧댄 형태입니다. 편하고 우아하게 움직일 수 있을 뿐만 아니라 발레리나의 신체를 매우 아름답게 표현할 수 있죠. 한동안 이 의상은 〈해적〉에서 많이 볼 수 있었는데요. 발레 의상에도 유행이 있어서 현재 대다수 발레단에서는 〈해적〉 의상으로 다시 튜튜를 입는 추세입니다. 그래도 여전히 매우 매력적인 발레 의상입니다. 〈오네긴〉의 발레리나도 엠파이어 드레스 스타일의 의상을 입습니다.

오히려 유니버설 발레단의 〈심청〉과 〈춘향〉에서 보여준 의상

엠파이어 스타일의 드레스(좌), 네오클래식 튜닉(우)

은 한복을 발레 의상으로 변형했음에도 불구하고 가슴선을 일자로 변형시킨 네오클래식 튜닉을 연상시킵니다. 저고리를 제외한 한복이 발레 의상으로 다시 태어나면서 마치 이브닝드레스의 실루엣을 품은 듯이 느껴지죠. 발레리나의 가녀린 어깨와 팔의 라인이 그대로 드러나 아름다운 춤을 보여주기에 더없이 아름다운 발레 의상이라고 생각합니다.

발레리나의 의상에 스커트만 있다고 생각한다면 NO! 무척 아름다운 바지 의상도 있습니다. 바로 〈라 바야데르〉 속 인도 사원의 무희 니키아의 의상이나 〈세헤라자데〉의 여주인공인 술탄의 부인 조바이데의 의상입니다. 민속적 색채가 강하게 묻어나오는 의상들이라 생각할 수 있지만, 사실 유럽인의 눈에 비친 동양적 모습과 색상으로 만들어진 것들입니다. 이국적으로 느낄 수 있는 요소들이 발레 안에 잔뜩 담겨져 있지요. 아라비아풍의 바지와 화려한 톱을 입은 무용수들이 무대 미술과 음악이 한데 어우러진 무대 위에서 얼마나 아름다웠을까요? 그러고 보면 발레는 참으로 볼거리와 즐길 거리가 많은 예술인 것 같습니다.

수세기를 거치는 긴 역사 속에서 발레 의상은 다양한 스커트 길이와 모양으로 변화해왔죠. 클래식이라 불리는 발레 의상에도 유행이 있습니다. 물론 대중들의 패션만큼 빠르거나 민감하지는 않지만 스커트의 길이가 짧아졌다 길어졌다 하거나 튜튜의 수평 높이가 올라갔다 내려갔다 하면서 유행이 조금씩 바뀌었습니다. 관객의 관심과 사랑을 많이 받는 만큼 발레 의상은 변화와 유행을 거듭했습니다.

만약 발레 의상의 유행을 빠르게 감지하고 싶다면 주목할 만한 곳이 있습니다. 바로 발레 콩쿠르입니다. 국내 콩쿠르든 국제 콩쿠르든 참가자들을 주의 깊게 살펴보면 국내외의 발레 동향을 바로 알 수 있을 겁니다. 최근 유행하는 작품은 물론이고, 최신 유행하는 의상 스타일도 확인할 수 있습니다. 불과 5~10년 전의 영상만 찾아봐도 무척 흥미로울 거예요.

개인적으로 발레 의상을 보는 저만의 노하우가 하나 있습니다. 의상에 관심 있는 발레 작품을 볼 때 같은 작품을 여러 버전으로 비교해서 보는 편입니다. 예를 들어 〈돈키호테〉를 본다면 볼쇼이 발레단, 마린스키 발레단, 파리 오페라 발레단, 영국 왕

<라 바야데르>의 니키타 의상(좌), <세헤라자데>의 조바이데 의상(우)

립 발레단, 국립 발레단, 유니버설 발레단 등 가능한 한 많은 발레단의 버전을 보면서 같은 장면, 다른 의상을 감상하는 거죠. 같은 작품을 계속 보면 지겹지 않냐고요? 제 관심사는 의상이라서 지루할 틈이 없어요. 그리고 또 하나, 처음부터 끝까지 한 번에 감상하기보다 한 장면씩 끊어 보기도 합니다. 똑같은 음악, 같은 춤도 모두 다른 의상이라 보는 재미가 아주 쏠쏠하거든요. 모두 다른 의상이니까요!

제가 여기까지 소개한 의상 말고도 수많은 디자인과 다양한 양식의 발레 의상이 있습니다. 유니타드나 레오타드 같은 매우 단순한 스타일도 있고 피카소 작품의 구조물처럼 비현실적으로 느껴지는 발레 의상도 있습니다. 21세기 현재는 발레 의상의 경계라는 말이 무색할 정도로 다양한 시도가 이루어지고 있습니다. 일상복과 무대 위 의상을 구분하지 않는 작품도 많습니다. 심지어 나체로 하는 공연도 있을 정도니까요. 그럼에도 불구하고 현존하는 발레에서 가장 많이 입는 의상은 튜튜입니다. 미래에도 발레 작품 공연에는 튜튜가 존재할 거예요. 또 언젠가 새로운 튜튜가 등장할지도 모르죠.

EPISODE 1
튜튜 더 비기닝

러시아 볼쇼이 발레 학교의 선생님이자 제 친구이기도 한 제냐는 한국에서 발레 선생님으로 수년간 일한 적이 있어요. 어느 날 제냐가 저와 발레 의상과 관련해 이런 대화를 주고받은 적이 있습니다.

"한아! 왜 한국 사람들은 키톤을 안 좋아해?"

"응, 그게 무슨 말이야?"

그러자 그녀가 다시 이야기하더군요.

"나는 한국에서 일하는 동안 제대로 된 키톤을 본 적이 없어!"

"아니야. 다이애나 악테온도 있고 큐피드도 있잖아. 한국 사람들이 사랑하는 발레 작품이야."

"아니야. 진짜 키톤은 매우 가볍고 그런 식으로 만들지 않아. 한국에서 본 의상들은 한쪽 가슴이 드러난 의상들이 거의 없었고 한 겹의 스커트도 없었어. 발레단의 〈스파르타쿠스〉 외에는 없었어. 마치 〈차이콥스키 빠드두〉 의상에서 길이와 색상만 바뀐 것 같았어. 너 러시아에서 키톤 만드는 법 배웠지?"

"응, 그럼! 선생님께서 알려주셨어."

"그렇다면 배운 대로 한국에서 똑같이 만들어본 적 있어?"

"아니… 사실 우리나라 사람들은 뭐랄까? 무대 의상이라도 가슴이 드러나거나 다리 실루엣이 모두 비쳐서 만들다 만 것 같은 그런 의상을 좋아하지는 않아."

맞아요.. 여기서 핵심은 키톤이 만들다 만 것 같은 의상이라는 거예요. 또 문화적 차이겠지만 우리나라 사람들은 신체가 비치면서 드러나는 의상을 좋아하지 않는다는 점입니다. 저와 제냐가 생각하는 키톤은 그만큼 달랐던 거예요.

사실 오리지널 그리스식 키톤은 원단 한 장으로도 만들 수 있거든요. 아니면 앞에 한 장, 뒤에 한 장, 총 두 장으로도 만들 수 있어요. 두 장의 원단만으로 인체의 곡선에 맞춰서 일일이 손으로 주름을 잡아 다리고 손바느질로 주름이 움직이지 않도록 꼼꼼하게 꿰매야 합니다. 그러다 보니 최종 결과물을 보면 어딘지 모르게 완성도가 떨어져 보이기도 해요.

스커트도 마찬가지입니다. 얇은 시폰 한 겹으로 이루어져 있습니다. 하지만 정말 깃털처럼 가벼워 제대로 만들기는 정말 까다로운 의상입니다. 미끌미끌한 소재인 시폰으로 인체의 곡선을 잘 드러내도록 손바느질하는 게 그리 쉬운 일은 아니거든요. 그래서 아쉽게도 한국에서는 러시아 발레 선생님이 생각하는 키톤을 거의 찾아볼 수 없는 것 같아요.

발레리노의 의상

지금까지 발레리나의 상징과도 같은 튜튜에 대해 대략적으로 살펴봤습니다. 그렇다면 무대의 또 한 부분을 차지하는 발레리노 의상도 소개해볼까 합니다. 간략하지만 이것만 알면 발레리노 의상의 큰 흐름을 파악할 수 있을 겁니다. 시골 청년부터 군인 장교, 왕자님까지 총출동하는 발레리노들. 한자리에서 쉽게 만날 수 없는 발레리노의 대표적인 의상을 살펴보도록 하겠습니다.

많은 발레 작품 중 발레리노가 일반적인 슬랙스 스타일을 입고 출연하는 작품을 곰곰이 떠올려보면 〈해적〉과 〈라 바야데르〉 정도입니다. 새삼 놀랍지 않나요? 여기서는 주로 발레리노의 상의에 대해 이야기해볼까 합니다. 사실 상의만 살펴보면 발레리노의 작품 속 직업과 신분을 유추할 수 있거든요. 이 힌트만으로도 발레를 조금 더 즐겁게 감상할 수 있습니다.

발레리노의 의상은 발레리나의 의상과 조금은 다르게 발전해왔습니다. 같은 시간을 보냈는데 어떻게 다르다는 걸까요? 여기에는 부연 설명이 조금 필요합니다. 역사적인 면에서 보면 여자의 발레보다 남자의 발레가 더욱 오래됐지만 18세기 이후의 발레에서 발레리나의 중요성이 점차 커지며 발레리노의 역할이 서서히 줄어들었습니다. 반면 낭만 발레 시대로 접어들면서 발레리나들은 최고의 전성기를 누립니다. 긴 시간 귀족과 남성의 문화였던 발레는 18세기 이후 불과 100년도 채 안 되는 사이에 빠르게 변화를 맞이했습니다.

궁정 발레 시대에는 남녀 모두 당시 유행하는 복식을 주로 입었습니다. 그러나 발레리나의 의상이 토슈즈의 등장과 기량 향상으로 인해 빠르게 변화하며 발전했다면, 지금 우리가 보고 입고 있는 발레리노의 의상은 대부분 고전주의 발레 시대에 완성된 형태를 띱니다.

그런 만큼 초기의 발레 의상은 현재의 공연에서는 보기 힘듭니다. 복식의 흔적이나 잔재가 남아 있지만 그마저도 상의에서만 찾아볼 수 있거든요. 19세기 타이츠의 발명 이후에는 발레리노들이 모두 약속이나 한 듯 특별한 캐릭터가 아닌 이상 모두 타이츠를 착용했습니다. 발레리노의 아름다운 다리 라인과 역동적인 점프나 턴 동작은 남성성을 더욱 부각시키는 수단이 됐죠. 여러 가지 이유로 타이츠는 발레리노의 매우 기본적이고 대표적인 발레 의상으로 자리 잡았습니다. 온갖 색상의 타이츠도 등장하게 됐죠. 그렇다면 발레리노의 캐릭터를 표현하는 상의의 종류에 대해 좀 더 알아보도록 하겠습니다.

1. 셔츠 혹은 블라우스

셔츠(shirts)와 블라우스(blouse)는 발레리노에게 있어서 가장 기본적인 무대 의상이 아닐까 생각합니다. 〈파리의 불꽃〉에서처럼 블라우스만 단독으로 입기도 하고, 베스트 형태의 의상에서는 안에 받쳐 입는 용도로도 사용해요. 주로 면이나 시폰, 실크 등의 원단을 사용하고 무대 위에서 하늘하늘한 느낌이 나도록 디자인하거나 제작합니다. 마치 발레리노와 의상이 함께 춤을 추는 것처럼 보이도록 말이죠. 소재에 따라 발레리노의 움직임을 역동적으로 표현하기도 하고 매우 로맨틱하게 연출할 수도 있어요.

발레리노는 대부분 강렬한 조명 아래에서 엄청난 체력 소모를 경험할 뿐만 아니라 땀도 무척 많이 흘립니다. 디자이너는 땀의 흡수라던가 원단의 신축성, 비침의 정도, 블라우스의 길이까지 세심하게 신경 써야 합니다. 발레리노의 셔츠나 블라우스는 작품이나 디자인에 따라 칼라(collar)의 모양과 폭을 다양하게 변화시킬 수 있고, 소매도 길이나 퍼프의 정도를 조절해 다양한 느낌을 줄 수 있습니다.

2. 베스트

〈고집쟁이 딸〉의 콜라처럼 꽃무늬 베스트(vest)를 입기도 하고, 〈지젤〉의 알브레히트나 〈코펠리아〉의 프란츠처럼 블라우스 위에 베스트를 입은 모습으로 등장합니다. 그런데 주로 왕실보다 서민적 주제를 표현한 발레 작품에 베스트가 많이 등장합니다. 이제 감을 잡으셨나요? 만약 발레 작품에서 남자 주인공이 베스트로 된 의상을 입고 나온다면 동네 총각 혹은 서민으로 신분을 속인 왕자일 경우가 대부분일 겁니다.

블라우스와 베스트로 이뤄진 의상의 조합은 움직임이 매우 편할 뿐만 아니라 갈아입기도 편합니다. 또 상대적으로 두껍고 답답한 재킷 스타일에 비해 비교적 시원한 의상입니다. 뜨겁고 강렬한 극장의 조명 아래에서 춤을 춰야 하는 발레리노라면 누구라도 선호할 만합니다. 전막 공연이 끝나고 나면 어떤 의상이든 땀과 화장품 등에 오염되고 흠뻑 젖기 마련입니다. 무용수라면 늘 의상의 세탁과 보관에 신경을 많이 쓸 수밖에 없죠. 그래서 공연이 끝나면 반드시 의상을 뒤집어 흡수된 땀을 말려주고 각종 오염물을 체크해야 합니다. 손상되고 뜯어진 곳이 있는지 확인 또 확인해야 합니다. 그만큼 발레리노들의 움직임이 크고 모든 역할이 중요하기 때문이지 않을까요?

3. 볼레로

볼레로(bolero)라고 불리는 짧은 재킷의 의상을 보면 가장 먼저 〈돈키호테〉의 남자 주인공 바실리오가 떠오를 겁니다. 발레 갈라 공연에 빠지지 않고 늘 등장하는 〈돈키호테〉 3막의 결혼식 장면 속 그랑 빠 드 두에서 발레리노가 입는 바로 그 의상입니다. 스페인이 배경인 데다 투우사 복장에서 아이디어를 얻어 단골로 등장하죠. 민속적이고 지역적 느낌이 가득합니다. 주인공 바실리오 말고도 투우사의 춤 '또레아도르' 장면에서도 화려한 볼레로 의상을 볼 수 있습니다. 또한 〈카르멘〉의 투우사도 블랙 앤 화이트의 강렬한 대비가 돋보이는 볼레로 재킷을 입고 있습니다.

하늘하늘한 볼레로를 입은 남자 주인공이 또 한 명 있습니다. 〈라 바야데르〉의 솔로르입니다. 아라비아풍의 바지와 볼레로, 깃털이 달린 헤어밴드나 터번을 함께 하니 더욱더 이국적인 분위기가 돋보이죠.

솔로르의 바지를 한번 살펴볼까요? 볼레로를 입지 않으면 마치 〈해적〉에 등장하는 콘라드의 부하 알리의 의상이 떠오릅니다. 흔히 이야기하는 발레리노의 '해적 바지'인데요. 발레 갈라 콘서트에서 빠지지 않고 등장하는 해적 빠 드 트로와의 의상입니다.

이쯤이면 '몇 개 안 되는 디자인으로 모든 발레리노의 의상

〈라 바야데르〉의 솔로르

을 돌려 막는 건 아닌가?' 하는 생각도 들 수 있습니다. 디자이너의 입장에서 보면 정해진 형식 안에서 계속 새롭게 창의적으로 디자인을 해내야 하는 점 덕분에 더욱 어렵고 힘들게 느껴지곤 합니다. 수많은 작품을 거치면서 아무리 새로운 것을 찾아내고 상상력을 발휘한다 해도 타이츠에 재킷 혹은 블라우스, 베스트라는 공식 안에서 전부 비슷해 보일 수 있으니까요.

4. 재킷

로코코 스타일의 재킷

전형적인 18세기 남성의 복식이자 귀족들의 복식인 로코코 스타일의 재킷(jacket)을 입고 있는 왕자님. 남성들의 긴 재킷이었던 쥐스토코르(justaucorps)가 아비 아 라 프랑세즈(habit à la française)로 발전하고 다시 발레 의상에서 춤추기 편하게 변형된 모습입니다. 〈잠자는 숲속의 미녀〉의 데지레 왕자의 의상이 대표적입니다. 의상의 앞부분은 허리까지 오며 뒤가 더 길어 엉덩이를 반 이상 덮은 모습이에요. 마치 재킷 안에 베스트를 입은 것처럼 보

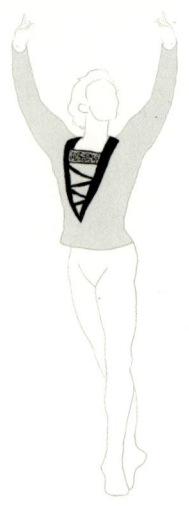

〈잠자는 숲속의 미녀〉
데지레 왕자의 의상

〈백조의 호수〉
지그프리드 왕자의 의상

이지만 사실 하나의 재킷입니다. 주로 목 부분에는 크라바트(cra-vate, 넥타이를 뜻하는 프랑스어)를, 소매 부분에는 레이스 프릴 장식을 달아 우아하고 아름다운 의상을 완성하고 있죠.

    슬프고도 아름다운 낭만 발레의 대표작 〈지젤〉의 알브레히트 백작과 〈백조의 호수〉 지그프리드 왕자의 시그니처 의상입니다. 슬릿 장식은 중세 시대 전쟁을 연상시키듯 칼에 베여 가늘고 길게 찢긴 옷의 모습에서 영감을 받아 만들기 시작한 장식입니다. 이후 안쪽 옷이 돋보이도록 일부러 찢어 만든듯한 형태로 발전했죠. 어깨 부분의 적당한 퍼프와 슬릿, 아래로 내려갈수록 가늘어지는 소매의 통은 발레리노의 우아하고 기다란 팔과 넓은 어깨를 한껏 도드라지게 강조합니다. 또한 가슴 쪽에 깊게 팬

왕자의 재킷

장식은 발레리노의 넓고 단단한 가슴을 부각시키며 숨이 멎기 직전까지 춤을 춰야 하는 알브레히트의 움직임을 극대화시키기에 충분합니다. 발레리노의 들숨과 날숨이 객석에서 전부 보일 정도이니까요. 이처럼 무대 위 의상은 캐릭터의 성격이나 특징을 표현해주는 수단이 되기도 합니다.

발레에는 정말 많은 귀족과 왕자님이 등장합니다. 낭만 발레가 가장 사랑받고 유행했던 시절 발레 작품은 신분의 차이로 결코 이루어질 수 없는 사랑 이야기가 주를 이뤘습니다. 보통 남자가 귀족 혹은 왕자처럼 높은 신분이고 여자가 평민처럼 낮은 신분이어서 결국 사랑을 이루지 못합니다. 심지어 죽어서까지 슬퍼하거나 꿈에 나타나 비로소 비운의 사랑을 이루는 사이가 되곤 하죠. 발레리노는 대체로 색상만 다른 타이츠를 하의로 입기 때문에 의상으로 멋을 부릴 수 있는 부분이 재킷밖에 없어요. 따라서 서양의 남성 복식에서 비롯된 재킷류의 스타일로 구분하거나 색상과 디자인을 변형하는 것이 일반적입니다.

5. 군복 재킷

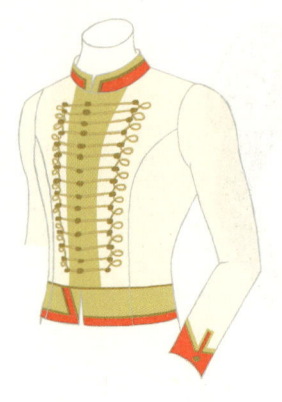

발레 작품 속 남자 주인공의 직업이나 신분을 살펴보면 군인이 꽤 많습니다. 아마도 전쟁의 영향과 강인한 남성의 이미지 때문인 것 같아요. 종종 군복 재킷(military uniform jacket) 같은 의상도 보실 수 있을 겁니다. 〈파키타〉의 장교 루시엥이나 〈호두까기 인형〉의 빨간 호두까기 병정이 입은 의상을 떠올려보세요. 군복 재킷 의상은 목까지 높게 올라오는 칼라, 계급을 상징하는 견장이나 포인트 장식 등이 특징입니다. 만약 작품 속에서 발레리노가 목 위까지 올라오는 칼라에 손목이나 어깨에는 화려한 장식을 달고 벨트까지 차고 있다면 그의 신분이 군임임을 유추할 수 있습니다.

6. 스커트

치마를 입는 발레리노가 있습니다. '뭐라고? 발레리노가 치마를 입어?' 결혼식을 앞둔 청년 제임스와 공기의 요정 실피드의 호기심을 담은 〈라 실피드〉 속 발레리노 의상에 대한 이야기입니다. 이 작품에 등장하는 발레리노들은 대부분 치마를 입고 있습니다. 바로 스코틀랜드의 전통 의상인 킬트(kilt)라는 체크 무늬 스커트입니다. 극중 배경이 스코틀랜드의 농가이기 때문이죠. 이처럼 무용수들은 특정 지역이나 나라의 전통 복식에서 차

〈라 실피드〉의 제임스 의상

용한 발레 의상을 입기도 합니다. 이런 의상들이 작품 속에서 더욱더 실감나는 묘사를 더해주고 관객의 몰입도를 한층 더 높일 수 있는 다양한 볼거리를 제공해줍니다.

7. 타이츠와 댄스 벨트

발레리노의 연습복이자 무대 의상이기도 한 타이츠(tights)는 서양 복식의 바 드 쇼스(bas de chausses)나 호즈(hose)에서 발전했다고 볼 수 있습니다. 그러나 지금의 모습과 가장 흡사한 타이츠는 19세기 말 20세기 초에나 등장합니다. 신축성이 있는 원단의 개발로 타이츠(마이요, maillot)[4]가 탄생했습니다.

---

[4] 무용수가 입는 타이츠, 여성용 원피스 수영복을 뜻함

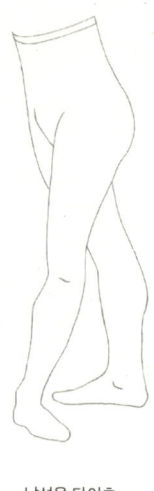
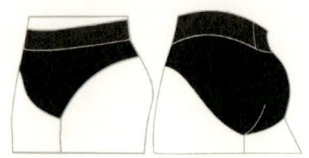

DANCE BELT - Full Seat

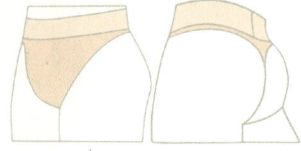

DANCE BELT - Thong

남성용 타이츠

발레리노의 서포트
(댄스 벨트)

발레리노에게 타이츠는 단순히 의상만을 의미하지 않습니다. 요즘은 기능적인 면들을 고려해 다양한 제품들이 나오고 있어요. 발레리노의 피부를 보호하고 땀을 빠르게 흡수해 체온을 유지시켜주는 것은 물론, 탄력 있는 소재를 사용해 몸을 부드럽게 받쳐주고 잡아줘서 근육의 크고 작은 부상을 방지하는 데 도움을 주기도 합니다.

발레리노의 속옷인 서포트는 댄스 벨트(dance belt)라고도 불립니다. 보통 두 가지 타입이 있는데, 엉덩이를 모두 덮는 풀 시트(full seat) 스타일과 T팬티 스타일입니다. 어린 발레리노 친구들은 주로 엉덩이를 모두 덮는 풀 시트를 입고 성인 발레리노는 무대 의상인 얇은 타이츠에 자국이 남는 것을 방지하기 위해 T팬티 형태의 댄스 벨트를 착용합니다.

댄스 벨트의 앞부분은 주로 3~4겹의 원단과 얇은 솜 등으로 이뤄져 있는데요. 댄스 벨트는 발레리노의 중요 부위를 덮어 보호해주는 역할을 합니다. 또 과격한 점프나 턴 등의 동작을 할 때 중요 부위가 흔들리거나 움직이지 않도록 고정해주는 역할도 합니다. 발레리노의 아름답고 멋진 춤과 다리 라인을 보여주기 위해 입는 속옷이 사실 엄청 불편한 의상이라는 것을 사람들이 알고 있을까요? 발레리노들의 남모를 고충이죠. 너무나 아름답고 멋진 춤을 보여주는 세상의 모든 발레리노들에게 제 마음을 담아 박수를 보내드립니다.

지금까지 발레리나와 발레리노의 의상을 대략적으로 살펴봤습니다. 이제 의상에 관한 용어들이나 그림에 어느 정도 익숙해졌나요? 여러분의 궁금증이 조금 해결됐을지 반대로 더욱더 호기심이 생겼을지 궁금합니다. 발레 의상에 대해 속속들이 전부 다 알고 싶은 여러분을 위해 이제부터 저는 여러분과 과거로의 여행을 떠날 예정입니다. 튜튜가 언제, 어떻게 태어나서 무대 위를 아름답게 수놓는 지금의 모습을 갖추게 됐는지 역사적 배경을 살펴보도록 하겠습니다.

〈카르멘〉 투우사 의상
©Yoon6Photo

제2장

발레 의상은
어떻게 변화했을까?

16세기
궁정 발레 시기
스토마커 이야기

반짝이고 화려한 장식들로 가득한 넓은 연회장. 아름다운 악기 연주 소리가 들려옵니다. 한껏 차려입은 귀족들은 넓은 무도회장에서 삼삼오오 모여 서로의 안부를 물으며 웃고 떠들고 이야기를 나누고 있어요. 두리번두리번 속닥속닥! 그때 잠시 음악이 멈추고 '빰빠라밤~' 하는 팡파르 소리와 함께 모든 사람의 시선이 한곳으로 쏠립니다. 모든 이들이 숨죽이고 바라보는 곳은 어디일까요? 바로 파티의 주인공 카트린 드 메디시스 여왕입니다.

이탈리아에서 프랑스로 시집온 젊은 여왕은 뛰어난 화술과 넘치는 교양으로 당대 최고의 아이콘으로 자리매김합니다. 한편 그의 등장과 함께 모든 이의 생각은 하나로 수렴합니다. 바로 '오늘 여왕은 무슨 옷을 입고 있지?'

파티에 참석한 왕과 귀족들은 어땠을까요? 한껏 차려입은 그들의 옷, 바로 16세기 궁정 발레 의상입니다. '네? 귀족들이 연회에 입고 온 옷이 발레 의상이라고요?' 네! 맞습니다. 16세기의 발레는 귀족들의 사교춤이었어요. 지금 우리가 알고 있는 무대 위 무용수들은 없다고 보면 됩니다. 물론 공연을 지켜보는 관객도 지금과 같지 않았죠. 앞서 이야기한 것처럼 16세기의 발레는 왕과 왕비, 귀족 중심의, 남성 중심의 사교 필수 항목이었습니다. 일상복보다는 마음먹고 한껏 치장한 무도회용 드레스, 그것이 16세기 궁정 발레 의상입니다. 그럼 당시에 가장 핫했던 여왕과 귀족들의 옷을 살펴볼까요?

여왕의 모습을 한번 보세요. 사각으로 깊게 팬 상의에 목 뒤로 높이 서 있는 레이스. 그 유명한 메디치 칼라(Medici collar)[1]입니다. 여왕의 드레스를 보면 정말 우아하다는 말밖에 나오지 않습니다. 그 옛날 저렇게 아름답고 값비싼 보석으로 정교하게 치장한 드레스를 입고 궁정 무도회에 참석했을 여왕의 모습을 본다면 어떨까요? 그런데 16세기의 궁정 드레스 중 일부가 아직도 발레 의상에 남아 있다면 믿으시겠어요? 무려 500년 전에 입었던 의상을 볼 수 있습니다. '어디 어디! 뭐가 남았다는거야? 세상에…'

카트린은 대규모 연회를 자주 열어 사교의 장을 만들고 이탈리아의 음악과 발레를 프랑스 궁정에 소개했습니다. 공식적인 첫 번째 발레로 기록되고 있는 〈왕비의 발레 코미크 Ballet comique de la Reine〉 또한 그녀가 만든 발레극입니다. 이탈리아에서 여왕과 함께 프랑스로 온 수행 신하 발타자르 드 보주아이외(Balthasar de Beaujoyeux)의 작품이에요.

---

[1] 메디치가(家)의 앙리 2세의 왕비 카트린과 앙리 4세의 왕비 마리 등이 착용한 데서 유래한 명칭. 사각과 크게 팬 목 둘레의 뒤쪽에 풀을 먹이거나 철사를 넣어 부채꼴 모양으로 세운 칼라를 말한다.

카트린 드 메디시스 여왕

    당시 프랑스 궁정에는 넓은 무도회장(ball room)이 있어서 홀의 중앙에 왕이 자리하고 귀족들이 쭉 둘러앉아 이야기를 나누며 발레를 볼 수 있었습니다. 자! 여기서 잠깐! 볼룸의 'ball'이 'ballet'와 매우 유사하다는 것을 눈치채셨나요? 보통 'ball'은 둥근 물체를 뜻하죠(풍선을 뜻하는 'balloon'도 같은 의미예요). 이는 이탈리아어로 '춤을 추다(ballare)'라는 단어에서 유래한 말이기도 하답니다. 그렇게 중세 시대에 춤을 춘다는 의미를 담은 'ball'이라는 단어가 확장돼 넓은 방에서 추는 사교춤을 '발레(ballet)'로, 무도회장을 '볼룸(Ballroom)'이라고 부르게 됐다고 해요. 중세의 귀

〈왕비의 발레 코미크Ballet comique de la Reine〉의 한 장면

족들이 화려한 옷을 입고 아름다운 음악에 맞춰 서로 빙글빙글 돌며 춤을 추는 모습이 상상되나요? ballet! 발레!

이탈리아의 궁정 연회에서 탄생한 발레는 이후 카트린 여왕의 수준 높은 예술적 영감과 함께 프랑스 궁정에 전해져 더욱 사랑받으며 발전하게 됐습니다. 또 카트린 여왕이 들여온 신문물에는 식기와 커트러리, 트러플, 아티초크, 브로콜리와 같은 다양한 음식 재료는 물론 셔벗, 타르트, 케이크, 마카롱과 같은 디저트도 있습니다. 카트린 여왕 덕분에 프랑스는 이후 수세기에 걸쳐 아름다운 발레뿐만 아니라 식사 예절, 미식의 나라, 디저트의 천국이 되었죠.

그림(58쪽) 속에서 뒤를 돌아보고 있는 남자의 옷을 살펴볼까요? 상의는 뿌르뿌앵(pourpoint)[2]을 입었고 하의는 쇼스(chausses)[3]를 입었군요. 그리고 긴 양말 바 드 쇼스(bas de chausses) 위에 반바지 오 드 쇼스(haut de chausses)를 입고 있습니다. 유행을 선도하는 왕의 패션은 당시 귀족 남성들에게도 많은 영향을 미쳤습니다. 너도나도 멋진 뿌르뿌앵을 차려입고 무도회에 갔으니까요. 맞아요. 그림 속 가운데 뒤를 돌아보고 있는 남성이 입은 옷이 바로 16세기 궁정 발레의 대표적인 남성 의상입니다.

그림의 왼쪽으로 뒷모습을 보이며 앉은 채 춤추는 이들을 바라보는 궁정 여인의 모습이 보입니다. 메디치 칼라는 찾으셨나요? 금빛, 핑크빛, 붉은빛으로 화려한 드레스, 둥그렇게 부푼 치마, 그리고 그림 속 중앙에 있는 남성 뒤로 보이는 푸른색 드레스를 입은 여성의 모습을 봐주세요. 그녀 역시 메디치 칼라에 길고 뾰족한 앞모습이 돋보이는 드레스를 입고 있습니다.

여성들은 속옷의 일종인 슈미즈(chemise)라는 블라우스를 입고 그 위에 코르셋을 착용했습니다. 그다음 동그란 치마 버팀대인 스페인식 베르튀가댕(vertugadin)[4]과 페티코트를 입고, 마지막으로 아주 풍성한 겉옷 로브(robe)를 입었어요. 여성의 잘록한 허리가 돋보이죠. 16세기에 유행한 모래시계 모양의 아워글라스

---

[2] 더블렛(doublet)이라고도 하며 인체의 부피감을 강조하는 16세기 남자들의 대표적인 상의다.
[3] 엉덩이, 다리, 발을 가리는 꼭 맞는 바지로 호즈라고도 하며 중세 남자들의 대표적인 하의다.
[4] 르네상스 시대의 후프(스커트), 베르튀가댕, 베르쥬가댕 혹은 파딩게일로 불리며 치마를 부풀리기 위해 만들어진 속치마의 일종. 원추 모양의 스페인식과 수레바퀴 모양의 프랑스식 두 종류로 나뉜다.

메디치칼라(MEDICI COLLAR)

러프칼라
(RUFF COLLAR)

스토마커
(STOMACHER)

스페인식 베르튀가댕
(VWETUGADIN)

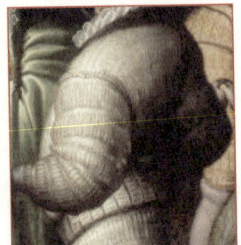
뿌르뿌앵(POUPOINT)

(hourglass)[5] 실루엣입니다. 그리고 우리가 기억해야 할 중요한 한 가지가 있습니다. 여성의 드레스 상의에서 중앙에 있는 길고 뾰족한 바로 그것! 스토마커(stomacher)입니다.

어쩌면 지금까지의 모든 설명은 스토마커를 위한 서론에 불과할지도 모릅니다. 스토마커는 여성의 드레스 중 가슴에서 아랫배까지 걸친 상의 가운의 앞 중심에 세로로 덧대는 역삼각형의 장식물입니다. 보통 이 부분은 정교하게 수를 놓아 장식하고 값비싼 보석들로 치장하기도 합니다. 때로는 리본으로 완전히 덮어 장식하기도 하고, 매우 비싼 담비 털로 장식하기도 하죠. 그 종류가 매우 다양합니다. 그런데 스토마커가 지금 우리가 살펴보고 있는 발레 의상과 무슨 상관이 있을까요?

자! 클래식 튜튜를 한번 떠올려보죠. 프랑스 파리 오페라 발레단의 튜튜나 이탈리아 라스칼라 극장의 의상, 다양한 발레 콩쿠르에서 참가자가 입는 발레 의상, 유럽식 클래식 튜튜에서 보디스 중앙에 있는 뾰족한 부분, 튜튜와 스커트가 만나는 연결 부위를 떠올려보세요.

21세기 현재 우리가 흔히 볼 수 있는 발레 의상에서도 스토

16세기 프랑스 궁정 복식, 스토마커의 흔적

5   원래 모래시계를 뜻하는 말이었으나 서양의 복식에서 여성의 허리를 강조하는 형태로 '아주 가는 허리를 가진'이라는 뜻을 가진다.

스토마커

마커의 흔적을 볼 수 있습니다. 발레 의상에서 가장 화려하게 장식을 할 수 있는 정중앙 역삼각형 부분! 바로 16세기 궁정에서 입었던 여성의 복식 중 화려한 장식을 담당했던 스토마커가 짧아지고 심플해진 곳입니다. 무려 500년도 더 된 발레와 복식의 역사가 우리와 아주 가까운 곳에서 함께하고 있다는 증거이기도 합니다. 카트린 여왕이 입고 쓰는 모든 것이 유행되던 시대인 16세기 궁정 발레 의상은 그 흔적이 지금까지도 이어져 우리 눈을 즐겁게 해주고 있습니다. 발레 의상에 대해 이야기 할 정도로 발레에 관심을 가진 독자라면 이 '스토마커'를 꼭 기억해두길 바랍니다.

TIP 튀튀를 빛낸 결정적 인물!

16세기 발레 의상 디자이너
자크 파탱
(Jacques Patin, ?~1587)

16세기의 궁정 발레 의상은 남자와 여자 모두 당시에 유행하는 옷을 그대로 착용하는 것이 대부분이었습니다. 그런 귀족들과 프랑스 궁정에 새로운 유행을 일으킨 주인공은 누구였을까요? 바로 〈왕비의 발레 코미크〉의 발레 의상 디자이너 자크 파탱입니다. 프랑스 궁정 화가 중 한 사람이었던 그는 이 역사적인 작품의 의상 디자인을 맡으며 자신의 재능을 마음껏 펼치게 됩니다.

이 작품은 그 자체로도 발레 역사에서 중요한 이정표가 됐습니다. 또한 그의 의상 디자인은 상징적 표현과 정교한 장식, 풍부한 상상력이 더해져 당시 르네상스 시대의 궁정 의상에까지 큰 영향을 미쳤다고 합니다.

의상의 재료들은 브로케이드(brocade)[6]나 실크 위에 금사로 놓은 자수, 진주나 보석처럼 매우 값비싼 소재들을 사용했고 모두 스토마커 위에서 빛났습니다. 또 당시에 유행하던 쇼핀느(chopine)[7]를 주로 신었던 여성들은 높고 불편한 신발 때문에 큰 춤동작보다는 우아한 걸음걸이 정도에 만족해야 했다고 합니다.

---

6 원단을 직조할 때 자카드식 직조기를 사용해 꽃이나 문양이 도드라지게 짠 옷감.
7 중세 시대에 유행한 여성용 신발로, 굽이 높은 슬리퍼 모양의 구두다. 16세기경 이탈리아 베니스에서 신기 시작해 전 유럽에 유행했다.

주로 팔 동작이나 시선의 움직임으로 춤을 표현했다고 하죠.

당시에 대유행했던 아이템이 하나 더 있었는데요. 바로 러프 칼라(ruff collar)입니다. 목둘레를 전부 둥글게 감싸고 있는 이 장식을 소화하려면 머리를 곧게 세우는 자세를 취해야만 했습니다. 하지만 이것은 귀족의 특권을 나타내는 상징이자 의복이 계급을 직접적으로 드러낼 수 있다는 것을 의미합니다.

쇼핀느

17세기

무대 의상의 등장

태양왕 루이 14세

    17세기 발레를 이야기할 때 빼놓을 수 없는 사람이 있습니다. 바로 발레를 너무나도 사랑한 왕 루이 14세입니다. 발레에 있어서 루이 14세의 업적은 셀 수 없을 만큼 많습니다. 발레를 하는 것도 보는 것도 열정적으로 좋아했던 왕이었으니까요. 잠깐만요. 왕이 직접 발레를 했다고요?

    루이 14세는 다섯 살의 나이로 왕위에 올라 무려 72년간 (1638~1715) 프랑스를 통치했어요. 루이 14세가 지배하던 프랑스는 유럽에서 선망의 대상이 될 만큼 왕정 시대의 절정기를 맞이합니다. 그가 절대 군주가 될 수 있었던 방법 중 하나는 자기가 좋아하는 발레를 정치적으로 이용한 것입니다. 왕은 어떤 옷을 입었고, 어떤 발레를 했으며 발레를 어떻게 정치에 이용했는지 점점 궁금해지네요. 그럼 지금부터 그 역사의 순간으로 함께 들어가봅시다.

    16세기 말에서 17세기 초로 이어지는 20여 년(1589~1610) 동안 프랑스에선 약 800여 편의 발레 공연이 이뤄졌다고 합니다. 기록된 공연의 수만 그 정도라고 하니 프랑스 궁정의 유별난 발레 사랑을 대번에 알 수 있죠. 그 공연들을 위해 준비된 의상들은 또 어떻고요. 엄청난 수의 공연으로 발레 의상들 또한 날로 발전했습니다. 그런 덕분에 시간이 지날수록 프랑스만의 호화로움을 간직한 특징들이 생겨났습니다.

17세기에 들어와 프랑스는 본격적으로 궁정 발레의 시대를 맞이합니다. 왕을 중심으로 대부분의 귀족이 발레를 사교의 필수 조건이라 여기며 배우고 즐겼습니다. 이 시기부터 프랑스는 발레가 시작됐던 이탈리아의 수준을 넘어서게 됩니다. 당시 기록을 살펴보면 귀족들의 복식을 능가하는 다양한 색상과 화려한 장식으로 무대 의상을 치장했다고 합니다. 그런데 이 시기에 매우 중요한 일이 일어납니다. 바로 등장인물의 역할을 무대 의상으로 표현하게 된 것이죠.

사실 이전까지의 발레는 모두 귀족들이 추는 춤이다 보니 발레 안에서 맡은 역할과 상관없이 자신들의 부와 명예를 상징할 수 있는 호화로운 의상을 선호했습니다. 예를 들어 거지나 하녀 역할도 의상을 보면 영락없이 귀족들이었던 식이죠. 17세기의 사람들이 극 중 등장인물이나 역할에 대한 인식이 부족했다는 의미기도 해요.

다시 우리 왕의 이야기로 돌아와볼까요? 루이 14세 하면 무조건 따라다니는 별명 '태양왕'에 대해 이야기해보려고 합니다. 루이 14세는 1653년 〈밤의 발레Ballet de la Nuit〉라는 작품에서 태양의 신 아폴로(Apollo) 역할을 맡으면서 태양왕이라는 별명을 얻었습니다. 당시 그의 나이가 15세였어요. 공연은 장장 13시간에 걸쳐 계속됐죠. 그럼 루이 14세의 태양왕 의상은 누가 디자인했을까요? 최초의 스타 발레리노이자 뛰어난 감각으로 모든 유행을 선도한 패셔니스타였던 루이 14세의 취향을 만족시키며 큰 사랑을 받았던 디자이너는 바로 앙리 지세(Henri Gissey, 1621~1673)입니다.

그는 루이 14세의 통치 시절 뛰어난 재능을 인정받아 왕실 소속 디자이너로 활동하며 수많은 발레 작품의 의상을 디자인했습니다. 지세는 무언극인 발레의 특성을 매우 잘 이해했는데요. 무엇보다 발레 의상이 등장인물의 역할을 상징해야 한다고 생각해 바로크 예술과 프랑스 궁정 발레에 어울리는 호화로운 의상을 수없이 디자인합니다.

대표적인 작품은 1662년에 초연된 〈그랑 카루젤Le Grand Carrousel Louis XIV〉입니다. 이 작품은 귀족 500여 명이 말을 타고 등장한 발레로 더 유명해졌어요. 왕실의 왕자들과 모든 귀족이 여러 나라를 상징하는 화려한 의상을 입고 말 위에 앉아 총출동하

〈그랑 카루젤〉의 한 장면을 묘사한 그림

죠. 프랑스의 위상을 전 유럽에 보여주려고 작정한듯 합니다. 그림 속 중앙에 말을 타고 있는 루이 14세의 모습이 보이나요? 극중에서 로마의 황제 역할을 맡아 붉은색과 금색으로 장식된 의상을 입고 있습니다. 말들은 또 어떻고요. 하나같이 화려하게 치장하고 있죠.

당시의 발레는 서민들은 즐길 수 없었던 매우 귀족적인 문화이자 귀족들의 상징과도 같았습니다. 춤을 추는 행위 자체가 오직 귀족만 누릴 수 있었던 특권이었고 권력의 상징이었으니까요. 그중에서도 발레는 남성들이 주로 누릴 수 있었습니다. 그러다 보니 발레를 공연할 수 있었던 사람도 왕의 사랑을 듬뿍 받는 귀족 남자들이 대부분이었죠. 그들은 왕에게 잘 보이기 위해 함께 무대에 오르기도 하고 또 왕에게 선택된 특별한 사람이라는 상징을 한껏 누렸을 겁니다.

이러한 분위기 속에서 우리의 루이 14세가 절대 왕권의 상징으로 정점을 찍은 사건이 있었습니다. 바로 그가 〈밤의 발레〉에서 태양의 신으로 등장하는 장면입니다. 이 작품에서 루이 14세는 자신이 곧 유일한 태양임을 사람들에게 알리고자 했습니다. 그래서 그는 황금빛으로 번쩍번쩍한 의상에 화려한 깃털로 높게 장식한 모자를 쓰고 하이힐을 신고서 또각또각 무대 위로 걸어나옵니다. 얼굴을 반쯤 가린 황금색 마스크를 쓴 채 말이죠.

이후 루이 14세는 태양의 신 아폴로 역할을 수없이 많이 했을 뿐만 아니라 극 중에서 착용한 의상도 굉장히 다양했다고 합니다. 그렇지만 최초의 등장이 가장 강력한 이미지를 낳는 법! 이 작품에서 쓰였던 태양의 신 의상이 빛을 발하자 앙리 지세는

루이 14세

프랑스 궁정뿐만 아니라 유럽 및 귀족 사회 전반에 이름을 떨치며 자신의 영향력을 점차 키워나가게 됩니다.

한편 루이 14세는 문화, 예술, 과학뿐만 아니라 패션에도 많은 관심을 갖고 있었어요. 최초의 하이힐을 신은 남자로도 기록되어 있습니다. 또 우리가 알고 있는 슬리퍼 모양의 뮬도 원래는 실내화였던 것을 루이 14세가 밖에서도 신을 수 있도록 만들었다고 해요. 당시에는 옷 자체가 부의 상징과도 같았습니다. 귀족들도 옷을 한 벌 맞추려면 개인 양장사를 찾아가야 할 정도였습니다. 돈이나 권력이 없는 사람들은 옷을 맞추는 것조차 불가능한 시대였거든요.

그런데 루이 14세가 유행이라는 것을 일으키면서부터 모든 것이 달라졌습니다. 모두 맞춤복을 입던 시대에 많은 사람에게 유행하는 아이템을 반영한 기성복이 등장한 것이죠. 그리고 귀족이나 서민이나 돈만 있으면 쉽게 옷을 살 수 있게 됐습니다. 시즌이라는 표현도 이때 생겼다고 합니다. 지금은 흔하게 쓰는 '지난 시즌에 유행한 옷'과 같은 말이 생겨난 것입니다. 그리고 귀족들의 맞춤옷 문화는 이후에 고급 맞춤복을 의미하는 오뜨꾸튀르로 이어졌습니다.

한편 루이 14세가 베르사유궁을 완공한 뒤 성에선 매일같이 화려한 연회와 공연이 끊이질 않았습니다. 패션과 호화스러운 치장에 관심이 많은 왕이 아름다운 정원과 화려한 궁전에서 매일 밤 공연과 파티를 열었다고 상상해보세요. 수많은 귀족들이 하루가 멀다 하고 축하 선물을 가지고 궁에 드나드느라 얼마나 바빴을지요. 옷은 또 얼마나 잘 차려입고 갔을까요. 하지만 이런 생활이 길어지자 귀족들의 주머니는 점점 비어만 갔습니다. 반면 왕실의 창고는 진귀하고 값비싼 물건들로 쌓여만 갔죠.

재정이 악화되고 정치적인 지위를 잃은 귀족들의 힘이 약해지자 왕권이 강해지는 역전의 상황이 펼쳐졌습니다. 아름답고 호화스러운 궁에 귀족들을 불러 모아 태양왕인 자신이 곧 국가라 말하며 절대 권력을 휘둘렀던 루이 14세. 이것이 바로 루이 14세가 계획한 절대 왕권의 강화를 위한 시나리오였습니다. 게다가 주변 국가의 왕들도 모두 그를 부러워했습니다. 이때부터 프랑스 문화가 선망의 대상이 되면서 프랑스의 정치와 문화, 예술이 유럽의 유행을 이끌게 됩니다. 이제 루이 14세가 발레를 정치적으로 이용했다는 역사적 사실이 이해가 되나요?

그런데 그토록 왕성하게 춤을 추며 권력을 누리던 루이 14세는 32세가 되자 더 이상 발레를 추지 않습니다. 젊은 시절과 다르게 변해버린 자신의 몸과 건강 상태, 공연 중 무대 위에서의 실수를 받아들이지 못한 것입니다. 더 이상 루이 14세가 무대 위에서 춤을 추는 모습을 볼 수 없었다고 해요.

루이 14세가 발레 역사에 남긴 족적은 굉장히 많습니다. 그는 세계 최초로 왕립 무용 학교를 설립하고 극장을 건설했어요. 그 덕분에 발레에도 매우 많은 변화가 일어납니다. 전문적이고 체계적으로 발레를 가르치게 되면서 전문 무용수라는 직업도 등장했습니다. 또한 극장에서 직업 무용수가 춤추는 것을 보는 관객들도 생겨납니다. 오늘날에는 너무나도 당연하게 여기고 있는 일들이 루이 14세에 의해 시작된 것이라고 하니 놀랍지 않나요?

루이 14세가 지은 세계 최초의 프로시니엄[8] 극장으로 가볼까요? 바로 '팔레스 로열(Palais Royale)'입니다. 이곳은 귀족뿐만 아니라 서민들도 출입할 수 있도록 지은 최초의 극장입니다. 프랑스 국민은 이곳에서 프랑스의 궁정 문화였던 오페라와 발레를 처음으로 보게 됩니다. 또 세계 최초의 예술 교육 기관인 왕립 음악·무용 아카데미도 루이 14세 때 세워졌어요. 이들 기관은 세계에서 가장 오랜 역사를 지닌 파리 오페라 발레 아카데미 및 파리 오페라 발레단의 모태가 됐습니다.

---

8 무대와 객석을 확연하게 구분한 액자 형태의 무대 모양을 말한다. 현재 대부분의 극장에서 채택하고 있는 형식이기도 하다.

발레가 꽃을 피우는 분위기가 조성되면서 드디어 1681년에 초연된 〈사랑의 승리Triumph of Love, Le Triomphe de l'Amour〉라는 작품에서는 직업 여성 무용수가 최초로 등장합니다. 물론 당시 여성 무용수들은 화려하고 무거운 의상과 과도한 장식 때문에 남성 무용수들에 비해 움직임이 소극적이었지만 우아하고 기품이 넘치는 움직임과 남녀 무용수의 밸런스 덕분에 여성 무용수의 역할은 점차 커지게 됩니다. 그런데 비슷한 시기에 프랑스를 제외한 다른 유럽 국가에서는 이탈리아식 오페라가 매우 유행했습니다. 유독 프랑스에서만 발레가 귀족과 대중을 가리지 않고 남다른 사랑과 관심을 받았던 것입니다.

그럼 최초의 여성 무용수가 등장한 〈사랑의 승리〉 속 발레 의상에 대해 알아볼까요? 그 전에 앞서 소개한 디자이너 앙리 지세와 함께 루이 14세 시대를 대표하는 왕실 소속 디자이너 장 베렝(Jean Berain, 1638~1711)을 만나봐야 합니다. 17세기 중후반 약 30년간 무대 의상을 담당했던 베렝은 의상에 있어서 가장 중요한 것은 '역할과의 조화'라 여기며 수많은 무대 의상을 디자인했습니다. 〈사랑의 승리〉에서는 처음으로 등장인물들에게 남녀를 구분한 의상을 입혀 각각의 성별에 맞는 역할을 맡도록 했습니다. 이 작품 이후로 남녀 무용수의 의상과 역할이 완벽히 분리됐습니다. 또한 그가 디자인한 여성 무용수의 의상은 당시 유행했던 궁정 드레스와 유사하지만 때로는 장식적 요소들을 많이 사용해 발레 의상으로서의 다양함을 더욱 부각시키도록 디자인됐습니다.

그림을 보세요. 베렝은 〈사랑의 승리〉 속 여성 무용수에게 당

〈사랑의 승리〉 등장인물

시 유행했던 궁정 드레스를 입혔지만, 치마 뒤로 길게 끌리는 트레인(train)을 달거나 앞은 짧고 뒤는 길게 늘어뜨린 오버 스커트를 치마 위에 달았습니다. 또 소매를 짧게 하고 레이스를 소매 밑으로 길게 늘어뜨려 장식했습니다. 몸통에는 나비 모양, 리본, 술 장식을 달기도 했습니다. 당시 매우 유행했던 퐁탕쥬(fontange)[9] 스타일의 머리에는 타조 털이 달린 모자를 씌웠습니다.

베렝은 아름다운 선과 세련된 상징성을 잘 살린 의상으로 극의 분위기를 한층 더 돋웠다고 기록되고 있습니다. 또 그는 의상을 통해 극 중 배역이나 직업을 구체적으로 묘사하는 것을 매우 좋아했으며 신화 속 주인공들을 환상적으로 표현해 관객들에게 많은 사랑을 받았습니다. 예를 들면 구두 수선공 역할의 무용수

---

[9] 루이 14세의 애첩이었던 퐁탕쥬 부인이 유행시킨 머리 모양으로 로코코 시대까지 매우 유행했던 머리 장식이다.

의상으로 구두 모양의 장식이 달린 목걸이와 구두 모양의 모자를 디자인하고, 손에는 구두끈과 구두를 고칠 때 필요한 도구를 들게 했습니다. 또 대장장이 역할의 무용수에게는 손에 망치를 들게 하고 머리에는 작두 모양의 관을 씌웠으며, 대장간에서 만드는 수저, 포크, 접시 등 온갖 물건들로 몸을 장식했습니다.

장 베렝의 의상, 건축가(좌), 음악가(우)

왼쪽 그림 속 의상을 보고 어떤 역할일지 한번 상상해보세요. 모자에는 높은 건축물이 올라가 있고 어깨, 가슴, 허벅지까지는 마치 궁전이나 건물의 일부인 것처럼 보이죠. 손에는 직각자를 들고 있습니다. 네, 바로 이 사람은 건축가입니다.

오른쪽 그림 속 등장인물은 음악가입니다. 의상을 한번 살펴볼까요? 머리에는 현악기 모양의 모자를 쓰고 가슴에는 오르간, 양쪽 팔뚝에도 악보를 길게 두르고 있습니다. 손에는 류트가 들려 있어요. 관악기도 주렁주렁 달려 있는 것이 보입니다. 누가 봐도 음악가지요?

어찌 보면 억지스럽고 지나치게 과한 설정처럼 보일 수 있습니다. 작품 속 배역을 상징하는 장식들이 너무나 직접적으로 표현돼 있어 오히려 우스꽝스럽게 느껴질 수도 있죠. 하지만 의상을 통해 배역을 설명하려는 베렝의 친절한 의도는 충분히 전달됐다고 봅니다. 제 눈에는 지금 봐도 너무 재미있고 사랑스러운 묘사입니다. 이후 베렝의 풍부한 상상력과 넘치는 창의력은 프랑스식 발레 의상의 전형이 되었습니다. 그리고 각 등장인물의 역할을 무대 의상으로 표현하는 방식도 전통이 되었고요. 이 정도면 베렝을 천재적인 역할 묘사의 달인으로 인정할 수밖에 없을 듯합니다.

그럼 21세기 현재의 발레 작품 속 의상을 한번 떠올려보세요. 등장인물들의 역할이 머릿속에 떠오르지 않나요? 17세기에 살았던 디자이너 베렝의 생각과 숨결이 21세기의 발레에도 많은 영향을 주고 있다는 것을 느낄 수 있습니다. 그런 만큼 지금도 장 베렝의 디자인은 '프랑스의 취향을 지배하고 나아가 유럽의 취향에까지 영향을 끼쳤다'라고 평가받습니다.

베렝이 디자인한 가면과 커다란 깃털 장식으로 꾸민 모자를 쓰고 아름답고 화려하게 장식된 옷을 입은 무용수들이 무대 위에 등장했을 때 관객들은 그 환상적인 모습에 매료돼 넋을 잃고 바라봤다고 해요. 하지만 이처럼 아름다운 의상도 단지 등장인물의 역할을 상징하는 구실을 했을 뿐, 무대 위에서 춤을 춰야 하는 무용수의 움직임은 전혀 고려하지 않은 불편하기만 한 의상에 지나지 않았습니다. 그럼 이후 무대 의상은 또 어떻게 변했을까요?

발레가 점점 문화의 한 축으로 자리를 잡아가는 동안 무용수들도 차츰 춤추기 편리하도록 앙트레(entrée)를 스스로 고안합니다. 앙트레는 17~18세기 발레에서 잠시 쉬어가는 막(act)을 뜻하는데요. 무겁고 치렁치렁한 의상을 계속 입고 길고 긴 공연 시간 내내 돌아다녀야 하기 때문에 오페라처럼 몇 막, 몇 장과 같은 형식으로 장면을 나누고 잠시 쉬어가는 장치를 극 중에 둔 것입니다. 또 무용수들이 더욱 적극적으로 의상에 대한 아이디어를 구상하고 실제로 반영하기도 했습니다. 특히 17세기 후반부터 18세기 초에 걸쳐 여성 무용수들의 적극적인 참여와 변화의 노력 덕분에 남성 위주의 궁정 발레에서 한 발 나아가 여성 무용수와 남성 무용수의 역할이 균형을 이루게 됩니다.

자! 이렇게 17세기 발레 의상에 대한 이야기를 마무리하게 됐습니다. 정신없이 이야기하다 보니 17세기 발레 의상은 프랑스로 시작해서 프랑스로 끝이 나는군요. 그러나 아쉬워할 필요는 없습니다. 이러한 프랑스의 분위기가 유럽 전반에 걸쳐 퍼지는 동안 이웃 나라 이탈리아에선 그야말로 오페라가 대유행하며 발레도 잠시 오페라로 들어가는 듯했으니까요.

이제 발레가 어떻게 시작되어, 왕의 든든한 지원과 사랑을 받으며 얼마나 대단한 전성기를 맞이했었는지 알게 됐길 바랍니다. 참, 그리고 아까 이야기했던 두 사람은 꼭 기억해주세요. 발레에 대한 사랑이 대단했던 루이 14세의 친애를 한 몸에 받았던 '태양왕'의 디자이너 앙리 지세와 최초의 여성 무용수가 등장한 〈사랑의 승리〉의 디자이너이자 역할 묘사의 달인 장 베렝. 17세기 발레와 발레 의상뿐만 아니라 나아가 궁정 문화, 프랑스 예술,

저 멀리 유럽 전체로 퍼진 유행에 영향을 미쳤던 사람들입니다. 그들이 있었기에 18세기에도 발레 의상이 빛날 수 있었다는 것을 기억한다면 앞으로 발레 의상을 바라보는 데 있어서 새로운 관점이 생길 겁니다.

TIP 튜튜를 빛낸 결정적 인물!

반짝반짝 빛나는 황금빛의
태양왕 루이 14세

태양왕 루이 14세의 공연 장면

시간을 뛰어넘어 태양왕 루이 14세를 만나볼 수 있는 방법이 있습니다. 바로 2001년에 개봉한 영화 〈왕의 춤Le Roi danse〉을 보면 됩니다. 루이 14세가 1653년에 〈밤의 발레〉를 췄던 모습을 영화 속에서 멋지게 재현한 것으로 유명합니다. 또한 당시 궁정 음악가인 장 밥티스트 륄리(Jean Baptiste Lully, 1632~1687)와 바로크 음악, 당시의 문화를 느낄 수 있습니다. 프랑스 귀족의 의상과 태양의 신 역할을 맡은 루이 14세의 모습과 왕이 췄던 발레가 궁금하다면 이 영화를 추천합니다. 17세기 당시 프랑스의 문화와 루이 14세의 모습을 조금이나마 상상할 수 있답니다.

18세기
발레 의상의 르네상스
빠니에의 원조는 발레다

16세기부터 17세기까지 200년이라는 시간을 숨 가쁘게 달려왔더니 벌써 18세기입니다. 18세기에는 어떤 발레가 우리 앞에 펼쳐질까요? 기대해도 좋습니다. 18세기 발레 의상은 그야말로 발레 의상의 르네상스 시기이니까요!

18세기는 제가 개인적으로 가장 좋아하는 발레가 등장한 시기이기도 합니다. 이야기를 시작하기도 전에 설레네요. 17세기 루이 14세가 이룬 수많은 업적 덕분에 18세기에는 비로소 발레리나와 발레리노의 공연을 객석에서 볼 수 있게 됐습니다. 그러나 18세기까지도 발레는 귀족의 문화였습니다. 저는 18세기 발레 의상에 혁신을 가지고 온 무용수들과 아름다운 의상, 그 의상을 만든 디자이너들을 여러분에게 소개해드릴 수 있어 매우 기쁘게 생각합니다.

가장 먼저 소개할 아주 대단한 두 여인이 있습니다. 첫 번째 주인공은 발레를 위해, 발레 때문에 발목이 드러나도록 긴 치맛

자락을 과감히 자른 여인! 바로 마리 카마르고(Marie Camargo)입니다. 그녀가 치마를 자른 이유는 바로 '앙트르샤 꺄트르'[10] 때문인데요. 지금 생각하면 그게 그 정도로 대단한 일인지 궁금해할 수도 있지만, 1726년 당시 이 동작은 발레리노만의 기술이었다는 점을 생각해야 합니다. 그리고 이 동작을 최초로 시도하고 완성한 발레리나가 바로 카마르고였습니다.

그녀는 빠른 스텝, 회전, 점프 등의 발레 기술을 연마하고 발레리노의 동작을 발레리나의 기술로도 발전시켰습니다. 자신이 그토록 열심히 연습한 기교를 옷 때문에 관객에게 보여줄 수 없다니 얼마나 억울하고 속상했을까요? 그녀는 뛰어난 스텝과 테크닉을 살리기 위해 치마 길이를 자른 사건은 발레 의상 역사에서 아주 중요한 한 획을 그었습니다. 그녀가 발레 의상의 금기를 깬 이후부터는 마치 경쟁이라도 하듯 치마 길이가 짧아지기 시작했습니다. 그녀로 인해 '발레의 역사는 발레리나의 치마 길이와 떼려야 뗄 수 없는 사이'가 되었으니까요.

카마르고에 이어 18세기의 발레와 의상에 영향을 준 두 번째 여인은 마리 살레(Marie Sallé)입니다. 그녀는 카마르고와 동시대에 활동했지만 다른 길을 걸었습니다. 살레는 발레를 매우 아름다운 춤으로 표현했습니다. 테크닉보다 감정 표현이나 팬터마임이 그녀의 장점이었죠. 1734년에 그녀는 〈피그말리온Pygmalion〉에서 자신의 의견을 적극 반영해 극의 줄거리와 배역에 어울리도록 당시의 복식이 아닌 그리스식 튜닉을 선보입니다. 또한 구

---

[10] 발레 동작의 한 기법이며 공중으로 뛰어오른 상태에서 두 발을 두 번 교차하는 춤 동작을 말한다.

두를 벗어던지고 굽이 없는 슬리퍼를 신고 머리도 자연스럽게 길게 풀어 늘어뜨렸죠.

성공적인 공연으로 큰 찬사를 받은 그녀 덕분에 당시 프랑스 거리에는 그리스 스타일이 대유행하기도 했습니다. 당시 유럽은 매우 추웠음에도 불구하고 여성들 사이에서 얇은 모슬린(muslin)[11]으로 만든 그리스 복식이 선풍적으로 인기를 얻었죠. 급기야 추위에 얼어 죽은 여성이 나올 정도였다고 합니다. 당시 발레리나들은 지금의 연예인과 같아서 선망의 대상이자 때론 미의 기준이 되기도 할 만큼 유행을 선도하는 영향력 있는 인물들이었습니다. 마치 요즘 우리나라 드라마에서 어떤 여배우가 입고 들고 나오는 모든 것들이 다음 날이면 완판되는 것처럼요.

18세기 중반이 지나면서 점차 발레리나와 디자이너들이 당연하다고 여기던 형식, 즉 당시의 복식이 곧 무대 의상이라는 공식에서 벗어나 자유롭게 표현하기 시작했습니다. 그리고 결과적으로 성공했죠. 그 덕분에 새로운 무용의 기법이 발전하게 됐고 새롭게 등장한 의상이 성공을 거두며 또 다른 변화와 시도를 이끌었습니다.

이쯤 되면 발레 의상과 발레 테크닉의 발전 사이에는 매우 밀접한 관계가 있고, 사회적으로 끼친 영향도 크다고 할 수 있겠죠. 그럼 지금부터 여러분에게 발레 의상의 위대함을 알려드릴

---

[11] 모슬린은 면사를 촘촘하게 짜서 표백하지 않은 흰색 직물을 뜻하며, 이 직물이 처음 만들어진 이라크의 도시 모술에서 이름을 가져왔다. 초기 인디언이 손으로 직접 짠 매우 섬세한 모슬린은 17세기 유럽으로 수출됐으며 수요가 폭발적으로 늘어나자 스코틀랜드와 잉글랜드에서도 생산됐다. 질이 우수한 모슬린은 짜임새가 매우 섬세하고 부드러우며 날실과 씨실이 매우 고르다. 영국에서는 얇은 면직물을 모슬린이라고 하고, 미국에서는 일상생활에서 사용하는 튼튼한 면직물을 모슬린이라고 한다.

시간이 온 것 같습니다. 어쩌면 발레는 18세기 최첨단 유행의 선두 주자였다고 할 수 있습니다.

혹시 여러분은 서양의 드레스 중에 양옆으로 길쭉하게 생긴 드레스를 본 적이 있나요? 앞뒤는 납작하지만 옆으로 긴 이상한 모양의 드레스가 있습니다. 유럽에서는 여왕이 입은 이 드레스 때문에 궁궐의 벽을 부수고 문까지 바꿨다는 전설인 이야기도 전해집니다. 여왕이 문을 지날 때 품위 없게 옆으로 비스듬히 지나갈 수는 없는 노릇이니까요. 늘 그렇듯 여왕이 꼿꼿하게 서서 기품이 흘러넘치도록 우아하고 당당하게 정면을 바라보며 문을 지나다닐 수 있도록 성의 모든 문을 크고 넓게 고쳤다고 해요. 바로 그 드레스의 이름은 빠니에(panier)[12]입니다. 정확히 말하자면 페티코트의 일종이죠. 그런데 바로 이 드레스는 사실 발레에서 처음 등장했습니다. 과연 이 신기한 모양의 드레스를 도대체 누가 만들었는지 지금부터 알아보도록 하죠.

빠니에를 만든 사람은 바로 디자이너 끌로드 질로(Claude Gillot, 1673~1722)입니다. 1718년 그는 무대에 빠니에를 처음으로 등장시켰습니다. 옆으로 벌어진 기묘한 형태의 의상이 처음 무대 위에 등장했을 때 객석에서는 연신 웅성웅성거렸다고 합니다. 그야말로 웃음거리이자 조롱의 대상이었습니다. 사실 모양이 좀 우스꽝스럽긴 하지요? 그러나 빠니에는 곧 궁정 의상에 막대한 영향을 미치게 됩니다. 결국 18세기 유럽 전역에서 유행하며 로코코 시대의 대표적 여성 스타일이자 서양 복식사에 길이 남는

---

[12] 어원은 바구니라는 뜻. 복식에서 치마를 넓히기 위해 허리에 넣는 틀로 페티코트의 한 종류.

빠니에

드레스로 자리 잡습니다.

우리는 질로 덕분에 여전히 많은 영화와 오페라, 뮤지컬 등에서 심심치 않게 이 드레스를 만나곤 합니다. 그리고 빠니에의 등장은 무대 의상이 대중의 패션과 유행에 영향을 미친 중요한 시점이 됐습니다. 발레에서 시작된 무대 의상이 유행의 시작이 됐고 복식사에 길이 남을 옷으로 이어졌다는 것은 정말 놀라운 사건입니다. 이쯤 되면 저는 발레 의상 예찬론자로 분류되어야 할까요? NO! NO! 전부 사실인걸요.

다시 본론으로 돌아와 천재적 재능을 가진 클로드 질로의 아름다운 의상에 대해 이야기해보겠습니다. 우리가 매우 눈여겨봐야 할 그의 의상들은 1721년에 디자인한 〈요소들Les Elements〉라는 작품에 등장합니다.

아래 그림처럼 질로의 의상은 섬세하고 아름답게 만들어졌습니다. 매우 화려해 보이지만 이전 시대인 바로크 양식의 의상에 비해 눈에 띄게 간소화됐고 가벼운 느낌마저 듭니다. 짧아진 치마 아래로 발레리나의 발도 보입니다. 18세기에는 치마뿐만 아니라 의상을 장식하는 방법에도 변화가 생겼습니다. 이전 시대에는 무겁고 커다란 입체적 장식들이 주를 이뤘다면 질로의 의상에서는 경쾌하고 가벼운 느낌이 들도록 리본을 주로 사용했습니다. 의상의 주된 색상들도 이전 시대의 강렬한 원색적 컬러보다는 섬세하고 부드러운 원단과 색상들을 주로 사용했습니다. 그림 속에서 낮과 밤의 역할을 상징하는 의상 디자인을 한번 비교해보죠. 치마의 아랫부분 밑자락에는 라틴 숫자를 그려 넣

클로드 질로의 〈요소들〉 의상 낮(좌), 시간(중), 밤(우)

어 시간을 표현했습니다. 낮은 밝은 색상의 드레스로, 밤은 어두운 색상의 드레스로 표현하고 있습니다. 그런데 바로 18세기의 이 의상이 남긴 흔적을 지금도 느낄 수 있다면 어떨까요? 저는 처음 이 장면을 봤을 때 온몸이 짜릿하고 심장이 두근거릴 정도였답니다.

러시아 볼쇼이 발레단의 〈코펠리아〉 중 '시간의 왈츠(Waltz of the hour)' 장면 속 무용수들의 의상 디테일과 질로의 의상 스케치를 비교해 봐주세요(하단 QR코드). 아마도 제가 느낀 것을 여러분도 분명 함께 느꼈으리라 생각합니다. 제가 가장 사랑하고 좋아하는 발레의 한 장면이기도 합니다. 아름다운 발레 장면이 수없이 많지만 개인적으로는 발레 의상 디자이너로서 이 장면 속 의상들을 언젠가 꼭 한 번 제 손으로 만들어보고 싶은 꿈이 있습니다.

이 작품은 2009년 볼쇼이 발레단에서 상트페테르부르크 주립 극장 도서관에 있는 자료들을 토대로 무대 세트와 의상 스케치를 고증, 복원한 것입니다. 18세기의 디자이너 클로드 질로의 디자인을 21세기를 살고 있는 우리가 바로 눈앞에서 느끼며 만나볼 수 있게 된 것입니다.

볼쇼이 발레단, 〈코펠리아〉 시간의 왈츠

볼쇼이 발레단은 러시아 화가 아돌프 샤를마뉴(Adolf Charlemagne, 1826~1901)의 스케치를 사용해 의상을 디자인했다고 표기했으나 프랑스 도서관에서 보관 중인 클로드 질로의 디자인과 매우 흡사한 것으로 미뤄 볼 때 아마도 질로의 디자인을 참고해 '시간의 왈츠' 장면을 재해석하고 디자인하지 않았나 생각됩니다. 분명 18세기의 의상 디자인이 현재에도 공감하기에 충분할 뿐만 아니라 누군가에게 끊임없이 영감을 줄 수 있다는 사실이 놀랍고 감동적입니다.

18세기 발레 의상에 대해 살펴보면 사실 클로드 질로 말고도 대단한 디자이너가 많이 등장합니다. 당시를 대표하는 여성 복식이 빠니에라면 남성 복식으로 토늘레(tonnelet)가 있습니다. 토늘레는 오늘날 우리가 흔히 볼 수 있는 클래식 발레 튜튜와 비슷한 형태를 띠고 있습니다. 하지만 18세기에는 어디까지나 남성용 의상입니다.

장 밥티스트 마르틴의 의상

디자이너 장 밥티스트 마르틴(Jean Baptiste Martine, 1659~1735)이 디자인한 발레 의상이죠. 18세기 남성 무용수가 입은 스커트 모양의 의상이 바로 하의가 부풀려져 무릎까지 내려오도록 디자인한 토늘레입니다. 당시는 중국의 문화가 서구에 전해지기 시작한 시기이기도 했습니다. 동양적이고 신비로운 이국 문화에 관한 관심이 높아졌고 무대와 의상도 그 영향을 받았습니다. 남자들 사이에선 중국식 변발도 유행했다고 합니다. 그래서인지 색이 상당히 선명하고 원색적입니다.

르네 부케의 의상

디자이너 루이 르네 부케(Louis-Rene Boquet, 1717~1814)의 의상은 아름다운 색채와 다양한 디자인, 풍부한 상상력을 바탕으로 18세기 중반부터 프랑스 혁명 시기까지 프랑스 궁정과 귀족들 사이에서 많은 사랑을 받으며 유행을 선도했다고 합니다. 왼쪽은 남자 무용수, 오른쪽은 여자 무용수 의상입니다. 그러고 보면 남자들의 궁정 복식인 토늘레가 오늘날 여성 무용수들의 튜튜와 모양이 매우 비슷한 것을 알 수 있습니다. 정말 이 세상에는 전혀 듣지도 보지도 못한 새로운 것은 없는 것 같습니다. 복식만 찬찬히 들여다봐도 과거에 익숙했던 것들이 후세에는 전혀 새로운 것들로 재탄생하기도 하니까요.

지금까지 소개한 두 명의 발레리나와 세 명의 디자이너 말고도 18세기의 발레계를 뒤흔든 중요한 사건이 일어납니다. 바로 의상 개혁인데요. 18세기 발레의 개혁을 몰고 온 발레 이론가 장 조르주 노베르(Jean-Georges Noverre, 1727~1810)는 자신의 책 《춤과 발레에 대한 서한》(1760)과 발레 작품들을 통해 당시 발레에 대한 신랄한 비판과 무용 전반에 걸친 개혁의 필요성을 강력히 주장했습니다. 특히 당시 복식을 사용한 발레 의상의 불편함과 불합리성을 지적하며, 남성 무용수의 의상인 토늘레와 여성 무용수의 빠니에를 강하게 비판했습니다.

그가 주장한 발레 개혁의 내용을 살펴보죠. 우선 무용의 연극화, 단순한 주제, 그에 어울리는 의상의 필요성, 꼬르 드 발레(군무를 추는 무용수)의 활용, 극의 진실성, 가면을 포함한 무대에서의 연출, 장치, 조명, 기계 사용 등에 대한 문제점들을 전면 재검토해야 한다는 내용들이 포함돼 있었습니다. 또한 발레 각각의 동작에 의미를 부여해 춤으로 이야기하는 발레, 동작을 통해 줄거리를 말하는 극적 무용의 형식인 발레 닥시옹(Ballet d'action)을 주장하고 발전시켰습니다. 그와 동료, 제자들의 노력 덕분에 점차 발레는 그의 주장대로 변화하게 됐습니다.

노베르, 카마르고, 살레의 의상 개혁으로 인해 발레는 기술적 발전을 이뤘으며 프랑스 혁명 이전까지 발레에서 가장 보편

적이었던 가면과 가발, 굽 있는 신발을 모두 무대에서 사라지게 했습니다. 이러한 변화와 경향들은 이탈리아의 발레 의상 디자이너들에게도 많은 영향을 미쳤고, 유럽 대부분의 도시와 극장에서도 점차 변화를 받아들이게 됩니다. 관객들은 가면과 가발을 쓰지 않은 무용수들의 모습을 오히려 자연스럽게 받아들이며 좋아하게 됐고, 더 이상 가면은 발레 무대에서 볼 수 없게 됐습니다.

프랑스 혁명 이후, 여성들 사이에서 유행하는 패션은 고대로의 복귀가 큰 흐름이었습니다. 그리스와 로마풍의 의상이 많은 사랑을 받았죠. 허리선이 가슴 밑까지 현저하게 올라오는 엠파이어 드레스 시대를 맞이한 것입니다. 잘록한 허리와 부풀린 엉덩이를 더 이상 강조하지 않고 자연스러운 신체의 실루엣을 강조했습니다. 또 매우 가벼울 뿐만 아니라 비칠 듯이 얇고 하늘하늘한 소재의 드레스에 가죽끈으로 묶는 그리스 시대의 굽 없는 샌들을 의상으로 활용하게 됩니다. 이런 대중의 유행이 또다시 무대에 영향을 미치게 됩니다.

자, 지금까지 18세기 발레 의상에 관한 이야기가 어땠나요? 치마를 과감히 자른 마리 카마르고, 작품 때문에 그리스식 의상을 입은 마리 살레, 옆으로 길쭉한 드레스 빠니에와 튀튀를 닮은 남성 의상 토늘레, 그리고 천재적인 디자이너 클로드 질로의 디자인, 노베르의 의상 개혁들이 모두 찬란했던 18세기를 상징합니다. 18세기의 발레 혁명가들이 이끌고자 했던 발레와 의상 개혁을 통해 점차 무용수의 가면과 가발, 굽 달린 신발은 사라지고 의상도 점차 단순하게 변화했습니다. 더 이상 당대의 복식을 무대에 올리지 않고도 극의 내용과 역할에 부합하는 멋진 의상을 선택할 수 있게 된 것이죠. 그리고 끊임없이 발레는 변화를 거듭하며 오늘날 우리 곁에 있는 모습으로 바뀌어왔다는 사실이 더욱 놀랍기만 합니다. 이로써 18세기 발레에 대한 이야기도 끝이 났습니다. 그럼 드디어 튜튜의 세상, 19세기로 건너가볼 시간입니다.

TIP 튜튜를 빛낸 결정적 장면!

최초로 서민 생활을 그린 유쾌한 발레
〈고집쟁이 딸 La Fille mal Gardee〉

18세기의 대표적인 발레 작품은 바로 〈고집쟁이 딸〉입니다. 이 작품을 18세기의 팁으로 소개하는 것은 이전까지의 발레가 왕과 귀족들을 위한 궁정 발레였다면 이 작품 이후부터 서민들의 이야기도 발레의 소재가 됐기 때문이에요. 발레가 대중에게 공감대를 형성하며 더 큰 사랑을 받을 수 있는 계기가 됐죠.

놀랍게도 이 작품은 프랑스 혁명 전야에 만들어졌다고 전해집니다. 원작은 현재 남아 있지 않지만 여러 가지 다양한 버전으로 복원돼 공연되고 있습니다. 참고로 1789년 7월 1일 프랑스 보르도의 그랑 시어터(Grand Theatre)에서 초연했다고 해요.

이 작품 속 주인공 발레리나는 공주 옷을 입지 않고 당시 시골 처녀의 모습을 사실적으로 그리며 등장합니다. 물론 치마의 길이는 춤을 춰야 하니 일반적인 복식보다는 조금 짧았지만 커다란 앞치마까지 두르고서 열심히 일하는 시골 처녀들과 아낙네들의 모습을 꽤 현실적으로 묘사하고 있습니다.

앞치마라고 하면 혹시 떠오르는 의상이 있나요? 발레 속 여주인공이 왜 쓰지도 않는 작은 앞치마 같은 것을 치마 위에 붙이고 있는지 짐작이 되나요? 그림 속 커다랗고 하얀 앞치마가 작은 액세서리로 변형되기까지 얼마나 긴 시간이 걸렸는지 모릅니다. 처음에는 당대의 복식을 사실적으로 표현하기 위해 디자인

〈고집쟁이 딸〉 초기 의상 디자인   현재 영국 로열 발레단의 의상

했지만 춤을 위해, 아름다움을 위해 앞치마는 점차 작아지고 자수나 장식이 달린 작고 아름다운 장식용 앞치마로 변모합니다. 그런 과정을 거쳐 현재 여러분이 흔히 볼 수 있는 것처럼 손바닥만큼 작은 앞치마가 달리게 된 것이죠. 만약 발레 공연을 보다가 발레리나의 의상에서 앞치마 같은 장식을 보게 된다면 주의 깊게 살펴보길 바랍니다. 발레 의상의 작은 장식으로 자리 잡기까지 얼마나 많은 디자이너와 시간을 거쳐왔는지를 상상하면서 말이죠.

19세기

낭만 발레 의상

로맨틱 튜튜의 탄생

드디어 길고 긴 시간을 지나 우리가 기다리던 발레리나의 스커트 '로맨틱 튜튜'의 탄생이 코앞으로 다가왔습니다. 우리가 사랑하는 이 튜튜는 낭만주의가 한창 유행이던 시절에 〈라 실피드〉 속 여주인공의 의상으로 등장하게 됩니다. 그런데 이전까지 동시대의 의상을 입었던 발레리나들이 왜 갑자기 이 튜튜를 입은 걸까요? 바로 역할 때문인데요. 낭만 발레의 여주인공들은 사람이 아니었습니다. 사람이 아니라면 무엇이었을까요? 〈라 실피드〉의 주인공은 바로 요정입니다. 현실에 존재하지 않고 영원한 환상 속에만 존재하는 대상이죠.

19세기 온 유럽을 사로잡았던 낭만주의는 현실에 대한 부정과 불만족에서 생긴 환상을 극의 주요 내용으로 삼아 비현실적이고 시적인 사랑 이야기로 담아냈습니다. 낭만 발레는 〈라 실피드〉를 시작으로 〈빠드꺄트르〉, 〈지젤〉 등으로 이어지게 됩니다. 이 발레 작품 속 의상들을 한번 떠올려보세요. 모두 흰색의 긴 망사 스커트를 입고 있죠. 바로 낭만 발레, 즉 로맨틱 튜튜의 상징이라고 할 수 있습니다.

18세기부터 발레리나들은 발에 꼭 끼는 부드러운 슬리퍼를 신고 구두 굽을 뜯어내며 발끝으로 서려고 노력했고 급기야 스커트까지 잘랐습니다. 그렇게 발전에 발전을 거듭했어요. 발레의 역사에서는 마리 탈리오니가 맡은 〈라 실피드〉 속 요정 실피드의 의상을 최초의 로맨틱 튜튜 스커트라고 기록하고 있습니다. 정확히 말하면 마리 탈리오니가 처음 입었다기보다 공식적으로 무대에서 처음 입은 사람입니다. 그리고 당시에는 튜튜라는 이름도 없었습니다. 과연 어떤 이야기가 숨어 있는지 좀 더 자세히 역사를 살펴보도록 하죠.

마리 탈리오니의 〈라 실피드〉 의상

19세기 무렵, 레이스와 실크를 주로 생산하는 프랑스의 튈이라는 도시가 있었습니다. 그곳 사람들은 17세기 사람들이 손뜨개 레이스를 만들던 것에서 착안해 기계화를 통해 직물을 생산했습니다. 그리고 18세기 산업화와 기계화를 거치며 19세기에 이르러 얇은 망사에 자수를 놓아 직조하는 기술을 발전시켰습니다. 우리에게 친숙한 자수 레이스가 바로 이곳 튈에서 탄생한 것입니다. 이곳에선 가격은 매우 비싸지만 비교적 얇은 명주 그물 망사를 쉽게 구할 수 있었습니다. 당연히 프랑스는 다른 유럽의 나라들에 비해 망사나 레이스 소재를 먼저 사용할 수 있었죠. 파리의 궁정과 귀족이 사랑하는 발레 의상에도 먼저 사용될 수 있었습니다.

  사실 탈리오니가 발레리나로 활동하던 무렵 실크 소재의 망사는 이미 의복에 사용되고 있었고 비슷한 실루엣의 복식이 존재했습니다. 하지만 화가 외젠 라미(Eugène Lami, 1800~1890)가 탈리오니의 아버지이자 안무가였던 필리포 탈리오니(Filippo Taglioni)에게 의뢰를 받아 새로운 〈라 실피드〉의 의상을 디자인하게 됩니다. 그녀를 위해 환상적인 순백의 드레스를 준비했고 바닥까지 끌리던 스커트를 과감하게 잘라 발목 위 종아리 길이로 디자인했습니다. 뒤엔 사랑스럽고 작은 날개까지 달았어요. 이 발레 작품이 초연됐을 때 탈리오니가 입은 의상은 푸르스름한 극장의 가스등 조명을 받아 푸른빛이 돌 정도로 더욱더 하얗고 풍성했으며 마치 발레리나가 무대 위에 떠 있는 것 같은 착각마저 들 정도로 가벼워 보였습니다. 발끝으로 서는 탈리오니의 기술을 보여주기 위한 전략적인 무대 의상이 공식적으로 탄생한 것입니다. 낭만 발레의 시작과 함께 말이죠.

　더불어 안무가 샤를-루이 디들로(Charles-Louis Didelot)는 사람이 날아다니는 것처럼 보이게 하는 장치를 만들어 많은 작품에서 발레리나를 공중으로 들어 올리는 데 성공했습니다. 이후 발레리나들은 부드럽게 반짝이는 토슈즈를 신고 발끝으로 서서 가볍게 공중으로 날아다니는 장면을 마음껏 표현하게 됩니다. 낭만 발레가 사람들의 환호 속에서 대유행하자 탈리오리는 그야말로 단숨에 스타덤에 오르게 됩니다.

　그런데 로맨틱 튜튜가 항상 아름답고 환상적이었던 것은 아닙니다. 처음에는 탈리오니가 흰색 종 모양의 스커트를 입은 이후 발레리나의 대표적 의상으로 자리 잡으며 너도나도 유니폼처럼 입기 시작했습니다. 그러던 중 1862년에 마리 탈리오니의 제자였던 엠마 리브리(Emma Livry)라는 발레리나가 리허설을 하다가 스커트에 가스등 불이 옮겨 붙어 결국 화상을 입고 사망하기에 이릅니다. 로맨틱 튜튜 스커트에 얽힌 비극적인 일화입니다.

　마리 탈리오니와 함께 본격적으로 시작된 낭만 발레는 발레리나의 가늘고 긴 목, 팔과 다리, 아름답게 처진 어깨 라인, 청순하고 순수한 이미지의 대명사가 됐고 '백색 발레(발레 블랑, ballet blanc)'라는 신조어를 탄생시켰습니다. 그리고 발레리나는 서정적이고 가녀린 우아함의 상징이 됐죠. 아직까지도 우리는 발레리나 하면 이런 이미지들을 떠올리고 있습니다. 그리고 포인트 슈즈를 신고 발끝으로 서서 균형을 잡는 시도를 하고 있죠.

　영원할 것만 같았던 낭만 발레는 1830~1840년대에 절정을 이루고 급격히 쇠퇴하게 됩니다. 관객들이 발레를 너무 많이 본

탓일까요? 아니면 관객들이 변한 것일까요? 발레 자체에 대한 관객들의 관심이 사라지면서 사람들은 더 이상 현실이 아닌 세계에 열광하지 않게 됐습니다. 더불어 발레리노들은 낭만 발레 속에서 역할이 줄어들면서 점점 설 자리를 잃어갔습니다. 한 시대를 풍미했던 이 아름다운 예술은 위대한 발명품인 튜튜를 탄생시키며 저물어가고 또 다른 시대를 맞이하게 됩니다.

〈해적〉 의상의 초기 디자인 삽화

낭만 발레가 사람들에게 잊히고 간신히 그 명맥을 유지했던 시기에도 살아남아 오늘날까지 이어지고 있는 위대한 명작이 있습니다. 바로 〈해적〉과 〈코펠리아〉 그리고 〈실비아〉인데요. 모두 19세기 낭만 발레가 시들어갈 무렵에 탄생한 작품들입니다. 이 작품들의 의상만 보더라도 확실히 흰색이 주를 이루던 낭만 발레와는 다른 양상을 보입니다. 낭만 발레 이후의 발레는 아름다운 음악과 납득할 만한 현실적인 스토리 혹은 신화 속 인물, 다채로운 의상과 무대로 파리 오페라에서 거듭나 명맥을 이어오며 현재까지 많은 사람에게 사랑을 받고 있습니다.

낭만 발레의 쇠퇴기 이후 프랑스를 중심으로 발전했던 발레는 러시아로 무대를 옮기게 됩니다. 그리고 러시아 황실의 절대적 지지와 아낌없는 지원, 프랑스 예술가들의 초청으로 발레는 새로운 국면을 맞이합니다. 발레와 함께 발레 의상도 새 시대와 변화를 받아들이게 됩니다.

러시아에서는 상트페테르부르크와 모스크바가 발레의 중심지로 자리 잡습니다. 또한 러시아 왕실은 발레를 위해 거액을 아끼지 않았고 프랑스의 교사나 안무가, 이탈리아의 무용수를 초빙해 발레의 발전에 더욱 박차를 가했습니다. 1735년에는 상트페테르부르크에 황실 발레 학교를 만들고 이후 마린스키 극장을 열고 모스크바에도 볼쇼이 극장을 열게 됩니다. 역대 황실의 열렬한 지지와 보호, 막대한 자금의 지원이 마침내 러시아의 발레를 세계 최고의 수준으로 끌어올리고 완성하게 됐죠.

이로써 발레는 러시아의 국가적 후원과 막대한 특혜 속에 프랑스 발레와 이탈리아 발레의 특징을 혼합해 발전하게 됩니다.

극의 스토리와 다양한 테크닉, 그리고 볼거리로 구체화한 러시아 발레는 그렇게 고전주의 발레의 탄생을 앞당겼습니다. 그럼 이런 발레의 변화 속에서 발레 의상은 어떻게 변화하고 발전했을까요?

1832년에 탄생한 로맨틱 튜튜는 관객과 발레리나들의 열렬한 지지 속에서 발레 의상계의 유니폼으로 자리를 잡았으나 낭만 발레의 쇠퇴와 함께 흰색의 긴 튜튜는 더 이상 관객들의 사랑을 받지 못합니다. 얇은 직물로 만들어진 탓에 의상이 불에 타버려 발레리나를 잃는 사고도 발생했었죠. 게다가 점차 발레의 발동작과 테크닉이 점점 더 복잡해지면서 튜튜는 점점 짧아지기 시작했습니다. 심지어 종아리 위 무릎까지 올라오는 튜튜까지 등장하기에 이릅니다.

1870년대에는 더욱 뻣뻣하고 새로운 튜튜가 등장합니다. 바로 속바지가 달린 일체형의 클래식 튜튜입니다. 정확하지는 않지만 최초의 클래식 튜튜는 테크닉이 뛰어났던 이탈리아의 무용수들이 자신들의 춤을 과시할 목적으로 만들어 입었다고 해요. 좀 더 자신을 돋보이기 위해 경쟁적으로 치마 길이를 자르다가 급기야 무릎 위로 올라오게 된 것이죠. 그러던 중 무대 위에서 불필요하게 엉덩이가 노출되자 스커트에 프릴이 달린 속바지를 부착하게 됐다고 알려져 있습니다.

대표적으로 1870년대 후반에 초연한 차이콥스키의 〈백조의 호수〉에서는 발레리나들이 점프를 하기 위해 더 짧은 치마를 입어야 했습니다. 이제 우리가 알고 있는 클래식 튜튜의 모습에 가까워져가고 있습니다. 그런데 지금까지 튜튜와 관련된 이벤트가 모두 한 세기 안에 이뤄졌다는 놀랍지 않나요? 발레가 사실이 등장하고 18세기에 카마르고가 신발이 보이는 스커트를 최초로 입기까지 약 300년이 걸렸습니다. 그에 비해 발목에서 허벅지까지 짧아지기까지는 고작 40여 년이 걸렸죠. 19세기에는 발레와 튜튜에 정말 많은 일이 있었다는 것을 알 수 있는 대목입니다.

TIP 튜튜를 빛낸 결정적 인물!

황제가 사랑한 발레리나, 마틸다 크셰신스카
(Mathilde Kschessinska, 1872~1971)

마리우스 프티파가 러시아 발레 최고의 권력가였던 시절. 전설적인 러시아의 발레리나가 있었습니다. 러시아 발레리나로는 최초로 32회전 푸에떼를 성공한 마틸다 크셰신스카입니다. 아름다운 미모에 테크닉까지 뛰어났던 그녀에게는 일생을 뒤흔드는 사건이 있었습니다. 바로 황제와 사랑에 빠진 것입니다. 영화 속에 종종 등장하는 클리셰 같은 장면이 떠오르지 않나요? 정확히 이야기하자면 황태자입니다. 과연 그녀에겐 어떤 일이 있었던 걸까요?

발레 학교 졸업 발표회 날, 황태자 니콜라이 2세는 크셰신스카의 공연을 보러 왔고 두 사람은 사랑에 빠지게 됩니다. 말 그대로 황태자의 첫사랑이었죠. 동화에나 나올 법한 발레리나와 왕자님의 사랑이 현실에서 이뤄진 것입니다. 그러나 아쉽게도 둘의 사랑은 실제로 해피 엔딩이 되지는 못했어요.

황태자가 독일의 공주와 결혼을 하면서 둘의 관계는 끝이 나게 됩니다. 그런데 니콜라이 2세는 자신의 삼촌뻘인 세르게이 대공에게 크셰신스카를 소개시켜줬고 그녀는 대공의 여자가 됩니다. 그녀는 여기서 멈추지 않고 또 다른 황실 귀족 안드레이 대공과도 연애를 시작했어요. 그렇게 이어진 두 남자와 한 여자의 관계는 꽤 오래도록 지속됩니다. 그리고 두 대공의 영향력 덕분에 크셰신스카는 무서울 것 하나 없는 러시아 최고의 발레리나로 성장합니다.

러시아 혁명 이후 크셰신스카는 안드레이 대공과 함께 러시아를 탈출해 프랑스 파리로 가서 결혼을 하게 됩니다. 그리고 그녀는 자신의 이름을 내건 발레 학교를 세워 후진 양성에도 힘썼습니다. 64세에는 영국 로열 발레단과 함께하는 공연으로 무대에 직접 오르기도 합니다. 그녀의 명성 덕분에 그녀의 발레 학교에는 굉장히 많은 무용수들도 찾아왔습니다. 대표적인 무용수로는 안나 파블로바, 마고트 폰테인, 알리시아 마르코바 등이 있습니다.

그녀와 관련된 일화 중에 안나 파블로바와 관련된 유명한 일화가 있습니다. 크셰신스카가 임신으로 인해 무대에 설 수 없었을 때 자신의 대타로 파블로바를 선택했다고 해요. 그녀의 눈에는 파블로바가 체력도 약하고 기술도 모자라 자신의 위치를 위협할 만한 존재가 되지 않을 거라고 여긴 거예요.

그런데 막상 그녀가 무대에 오르자 생각과는 다른 전개가 이뤄졌습니다. 가냘프고 연약한 매력을 가진 파블로바가 춤도 너무 잘 췄고, 인기까지 많아지면서 순식간에 대스타로 우뚝 서게 된 것입니다. 결국 그녀가 발굴한 무용수가 전설적인 발레리나가 된 셈이에요.

99세의 나이로 생을 마감한 크셰신스카는 그야말로 영화 같은 인생을 살았습니다. 그리고 그 말이 실제로도 이뤄졌습니다 2017년에는 그녀와 니콜라이 황태자의 사랑 이야기를 다룬 영화 〈마틸다〉가 개봉했습니다. 러시아에선 러시아 정교회와 정부의 반대로 결국 상영 금지 처분을 받았습니다. 두 사람의 이야기가 궁금하다면 사실이든 아니든 볼거리가 많은 영화 〈마틸다〉를 추천해드립니다.

20세기
고전주의 발레 의상
클래식 튜튜의 완성

지금까지 우리는 19세기에 등장한 로맨틱 튜튜를 만나봤습니다. 그사이 스커트 길이는 점점 더 짧아져 무릎까지 오게 됐죠. 이제 다음으로 넘어갈 시간입니다. 20세기에는 어떤 발레 이야기들이 우리를 기다리고 있을까요? 바로 팬케이크라고 불리는 클래식 튜튜와 발레 뤼스(Ballets Russes)입니다.

프랑스인이었던 마리우스 프티파(Marius Petipa)가 러시아의 고전주의 발레를 완성하고 대활약하는 사이, 세르게이 디아길레프(Sergei Pavlovich Dyagilev)는 러시아의 젊고 뛰어난 아티스트들을 이끌고 프랑스 파리로 진출했습니다. 그는 '발레 뤼스'라는 단체를 만들고 파리를 기점으로 활동했는데요. 그중엔 전설적인 발레리나 안나 파블로바도 있었습니다. 프티파의 세계에서 만들어낸 접시 형태의 클래식 튜튜와 발레 뤼스의 파격적인 스타일로 발레 의상을 뛰어넘어 일반 대중의 패션까지 쥐락펴락한 디아길레프의 발레 뤼스. 이토록 큰 족적을 남긴 두 사람을 빼고 20세기 발레 의상을 이야기할 수 있을까요? 그럼 두 사람 중 먼저 활동했던 고전 발레의 아버지 마리우스 프티파의 발레 작품 의상부터 만나보기로 해요.

19세기 중반 25세의 나이로 러시아로 초청된 프랑스의 젊은 무용수 프티파는 러시아의 상트페테르부르크와 마린스키 극장을 중심으로 활동했습니다. 그는 당시 마린스키 극장의 안무가였던 쥘 페로(Jules Perrot)로부터 안무 기법을 배우며 성장했습니다. 그는 안무가로 왕성하게 활동하며 〈잠자는 숲속의 미녀〉, 〈호두까기인형〉, 〈백조의 호수〉, 〈돈키호테〉 등 이름만 대면 누구나 알 수 있는 수많은 클래식 발레를 완성했습니다. 또한 아다지오 - 남, 여의 솔로 바리에이션 - 코다로 이어지는 새로운 형식의 남녀 2인무인 그랑 빠 드 두, 줄거리와 상관없이 관객들에게 볼거리를 제공하는 춤인 디베르티스망(divertissement), 여러 나라의 민속춤을 발레로 가지고 온 캐릭터 댄스 같은 요소를 새롭게 선보입니다. 이처럼 쉴 새 없이 나열되는 발레 속에서 의상은 어떤 영향을 받았을까요?

러시아 황실의 막대한 지원을 받으며 엄격한 형식과 분위기 속에 훈련한 무용수들은 테크닉적으로 하루가 다르게 발전해 갔습니다. 20세기 들어 러시아의 '고전주의 양식' 발레가 완성됐다고 보는 것도 무리가 아닙니다. 그런데 앞서 발레의 테크닉이 발전할 때마다 발레 의상도 함께 변화해왔다는 것을 이야기했었죠. 작품 속에서 발레리나들이 32회전 푸에떼, 90도로 다리를 들어 올리는 아라베스끄, 높고 빠르게 뛰는 점프 동작들을 수행하게 되면서 자연스럽게 짧아지던 스커트의 길이 변화에 가속도가 더해져 급기야 다리 라인을 모두 드러낸 클래식 튜튜까지 등장하게 됩니다.

안타깝게도 클래식 튜튜는 로맨틱 튜튜처럼 언제 처음으로 등장했는지에 대한 정확한 기록은 남아 있지 않습니다. 사실 자료를 찾아보면 〈백조의 호수〉나 〈잠자는 숲속의 미녀〉의 초기 의상 디자인에서는 우리가 알고 있는 완벽한 형태의 클래식 튜튜를 찾아볼 수 없거든요. 단지 로맨틱 튜튜보다 스커트가 좀 더 짧아지고 라인이 조금 위로 올라갔을 뿐, 아직까지 완벽한 접시 형태를 갖추지는 않았습니다. 그럼 도대체 누가 어디에서 클래식 튜튜를 처음 입은 것일까요?

2007년 〈댄스 매거진Dance Magazine〉에 실린 흥미로운 기사에서 단서를 찾을 수 있었습니다. 발레 의상을 공부하던 제겐 정말 눈이 번쩍 뜨일 만한 내용이었죠. 바로 튜튜에 관한 이야기였으니까요. 그 기사의 내용에 따르면 "1870년경에 완벽한 포인트 테크닉에 열중하던 이탈리아 발레리나들이 무릎 위 길이로 잘린 튜튜를 입기 시작해 치마 안에 주름 장식이 있는 팬티를 부착하고 점점 더 복잡해지는 발놀림을 보여주기 시작했다"고 합니다.

호기심이 발동한 저는 한참 동안 자료들을 찾고 또 찾아봤습니다. 여러 문헌을 살펴본 결과 19세기 말 당시에도 이탈리아의 무용수들은 다른 나라 무용수들에 비해 테크닉 면에서 뛰어났다는 것을 확인할 수 있었어요. 그러한 분위기 속에 발레리나들은 작품과 상관없이 자신들의 테크닉을 보여주기 위해 경쟁적으로 스커트의 길이를 짧게 자르기 시작했다고 합니다. 그리고 나중에 〈백조의 호수〉 같은 고전 발레 작품이 유명해지면서 당시의 의상은 고전주의 형식에서 많이 입는 튜튜, 즉 '클래식 튜튜'라고 불리게 됐습니다.

20세기 발레로 접어들면서 튜튜는 더욱 짧아졌고, 여러 겹의 주름층까지 더해졌습니다. 물론 당시 초연된 고전주의 발레 작품들의 의상 스케치를 보면 아직까지는 완벽한 클래식 튜튜의 모습을 갖추고 있진 않습니다. 하지만 작품이 재안무와 재공연을 거듭하면서 점점 클래식 튜튜의 모습을 갖춰가는 것을 자료를 통해 확인할 수 있습니다. 다행히 카메라의 등장 덕분에 20세기 발레에 대한 많은 기록이 남아 있습니다.

1940년대로 들어서면서 튜튜는 대대적인 변화를 맞이합니다. 스커트가 엉덩이에서 돋보일 수 있도록 와이어 후프를 넣기 시작했죠. 또 20세기 중반 이후부터는 직물 산업의 발달과 함께 합성 섬유들이 대거 개발·생산됐습니다. 그 덕분에 값비싼 천연 섬유들을 대체할 수 있었습니다. 다시 1950년대에 새로운 튜튜가 개발되기 시작하면서 와이어 후프는 더 이상 필수가 아닌 선택으로 자리 잡습니다. 하지만 여전히 러시아에선 와이어 후프가 들어 있는 튜튜를 선호했습니다.

튜튜는 외부 겉감으로 보여지는 화려함보다 더 많은 역할을 품고 있습니다. 무용수를 받쳐주는 내부 안감은 발레리나가 자유롭게 움직일 수 있도록 도와주는 동시에 땀을 흡수하는 역할을 합니다. 또 20세기 후반에 등장한 튜튜에는 일반적으로 최대 아홉 개의 주름층이 있습니다. 각 층은 점차 넓어지고 길어집니다. 가장 바깥쪽 상단에는 장식용인 열 번째 레이어가 있어 대부분의 원단 조각, 구슬 또는 인조 보석으로 장식해 클래식 튜튜를 완성하죠. 오늘날의 튀튀도 크게 다르지 않습니다. 또 튀튀를 만드는 모든 과정은 모두 수작업으로 이루어지고 있습니다. 무용수의 움직임에 따라 구성되며, 발레의 특성에 맞게 구조가 결정되는 튀튀만의 개성을 담기 위해서입니다. 이러한 튀튀를 입는다는 것은 보통 발레리나의 경력에서 매우 전문적이고 성숙한 단계로 성장했음을 나타내기도 합니다.

아마도 몸에 꼭 맞는 짧은 치마처럼 클래식 발레 테크닉의 정확성을 드러내는 의상은 없는 것 같습니다. 그래서 '튀튀는 발레의 위대한 발명품'이라고 부르는 것인지도 모릅니다. 클래식 튀튀는 20세기 중반 위대한 디자이너 바버라 카린스카(Barbara Karinska)를 만나 또 한 번 진화를 거듭합니다. 러시아 태생의 망명자였던 그녀는 뛰어난 감각과 재주로 안무가 조지 발란신과 함께 75개의 작품에서 호흡을 맞췄습니다. 특히 발란신은 무용수들이 춤을 출 때 커다란 후프 스커트 때문에 방해받는 모습을 관객들에게 보여주고 싶지 않다면서 카린스카에 부탁을 했습니다. 그리고 카린스카는 1950년 발란신의 〈심포니 인 씨〉를 위해 전통적인 팬케이크 튀튀를 버리고 과감할 만큼 짧은 길이의 '파우더 퍼프 튀튀'를 개발합니다.

카린스카가 개발한 튀튀는 혜성처럼 등장해 강한 인상을 남겼습니다. 심지어 전 세계 발레단에서 파우더 퍼프 튀튀를 표준으로 삼을 만큼 성공적이었습니다. 발란신도 "내 발레의 성공의 50퍼센트는 카린스카의 의상 때문"이라고 말할 정도였다고 해요. 또 발란신의 작품 〈주얼스〉의 초연 당시에도 카린스카가 의상을 디자인했었습니다. 얼마 전 우리도 카린스카의 발레 의상 디자인을 제롬 카플랑이 재해석한 버전으로 만나볼 기회가 있었습니다. 바로 2021년 국립 발레단에서 초연한 〈주얼스〉의 화려한 의상입니다. 당시 에메랄드, 루비, 다이아몬드로 이어지는 튜튜가 인상적이었어요.

카린스카의 업적은 단순히 파우더 퍼프 튜튜를 개발한 것에서 그치지 않습니다. 발레 의상의 상의인 보디스의 측면에 바이어스 재단을 도입해 무용수가 다양한 움직임을 소화해도 신체에 밀착되는 타이트한 핏을 잡아주는 혁신을 이뤘습니다. 또한 여러 가지 다른 색상의 망사들을 결합해 마치 물감을 혼합한 것처럼 색상을 섞어 옷감의 색을 다양하게 표현했습니다. 현재 미국 링컨센터에 있는 뉴욕 시티 발레단의 지하 의상 창고에는 카린스카가 디자인한 9,000여 벌의 발레복이 보관돼 있는 것으로 알려져 있습니다.

이렇게 튜튜만 둘러봐도 발레에는 정말 많은 역사와 이야기가 들어 있습니다. 20세기 튜튜는 이만하면 됐으니 이번에는 발레 뤼스로 다시 돌아가볼까 합니다. 발레 뤼스! 발레 뤼스! 저는 왜 발레 의상을 이야기하며 꼭 이 이야기를 하게 될까요? 결론부터 말하자면 뻔하디 뻔한 당시의 발레 튜튜를 과감히 버리고, 발레 의상의 다양화에 누구보다 진심으로 앞장서서 기여한 단체였으니까요.

세르게이 디아길레프의 발레 뤼스는 젊고 훌륭한 무용수를 불러 모은 것 이상으로 대단한 예술가 집단이었습니다. 당대의 유명한 예술가들과 협업을 하는 것은 물론, 주요 활동 무대였던 파리를 넘어 전 세계에 커다란 영향을 미쳤습니다. 일화를 하나

푸아레의 패션

레옹 박스트의 〈세헤라자데〉 의상 디자인

씩 소개해보도록 하죠. 먼저 레옹 박스트의 〈세헤라자데〉의 무대와 의상 디자인은 발레계에 엄청난 센세이션을 일으켰을 뿐만 아니라 온 유럽에 동양풍의 옷, 소품, 인테리어까지 유행시켰습니다. 20세기 초 패션의 제왕이라 불리는 폴 푸아레(Paul Poiret)는 발레 뤼스의 예술적인 무대 의상의 형태와 색채를 패션 창작의 모델로 삼았고, 회화를 복식에 도입했습니다.

한마디로 패션에 엄청난 변화를 불러온 일대 사건이었습니다. 단순히 무대 의상이 당대의 복식으로부터 영향을 받아 조금씩 변화하거나 유행에 영향을 끼치는 것 이상의 변화였죠. 발레의 의상이 하나의 예술 장르로서 인정받으며 반대로 패션을 이끌기 시작한 것입니다. 20세기 초 유럽에서 동양풍의 하렘 팬츠를 입다니요. 정말 놀라운 일이죠.

보통 '천재 화가' 하면 곧바로 20세기 미술의 거장 피카소를 떠올립니다. 그가 발레의 무대와 의상을 디자인했다는 사실을 알고 있나요? 그 작품이 바로 지금 우리가 이야기하고 있는 발레 뤼스의 〈퍼레이드〉입니다. 역시나 피카소답게 의상을 보면 평범하지 않았습니다. 게다가 세트는 모두 평면에 그리고 의상을 매우 입체적으로 만들었어요. 단연 그의 천재성이 돋보이는 연출이지요.

어디 피카소뿐일까요? 스트라빈스키와 패션 디자이너 샤넬은 발레 뤼스를 통해 만나 사랑에 빠졌다고 해요. 발레 뤼스의 젊은 안무가 발란신의 작품 〈아폴로〉 속 의상을 샤넬이 맡아 디자인하고 제작했습니다. 지금 보면 그가 디자인한 의상은 마치 레오타드에 흰 스커트를 입은 듯 매우 단순한 디자인처럼 보일지 모릅니다. 하지만 당시 사회의 시각에서 보면 매우 파격적인 시도였습니다.

우선 그리스풍의 복식을 발레로 가져와 매우 단순화시키고 현대적으로 해석했습니다. 그리고 부드럽게 늘어나는 저지 소재로 무용수들의 몸을 감쌀 뿐만 아니라 샤넬 특유의 감성으로 단순하면서도 아름다운 발레 의상을 만들었다고 평가되고 있습니다. 물론 발란신의 천재적인 안무도 한몫했을 거예요. 1924년 발레뤼스에서 시작된 샤넬과의 인연은 2021년 현재까지도 파리 오페라 발레단과의 협업으로 이어져오고 있습니다.

피카소의 퍼레이드(좌), 샤넬의 아폴로(우)

파격에 파격을 더하던 발레 뤼스는 20세기의 발레와 발레 의상에 있어서 가장 영향력 있는 발레단이었으며 지금까지도 다양한 형태로 많은 아티스트들에게 영감을 주고 있습니다.

TIP 튜튜를 빛낸 결정적 인물!

전설적인 '빈사의 백조'
안나 파블로바
(Anna Pavlovna Pavlova, 1881~1931)

여러분은 안나 파블로바를 어떻게 기억하고 있나요? 저에게 그녀는 전설적인 발레리나이자 백조를 대표하는 아름다운 무용수, 그리고 발레 의상 디자이너이기도 합니다. 고전주의 발레가 한창이던 시절에는 많은 무용수가 의상 디자이너에게만 의존하지 않았습니다. 자신들이 직접 디자인에 관여하거나 의상을 선택하고 자기 생각을 적극적으로 반영해달라고 요구했어요. 심지어 직접 제작해 입기도 했다고 전해집니다.

그중 대표적인 발레리나가 바로 안나 파블로바예요. 그녀는 자기 의상과 머리 장식을 비롯해 대부분을 자신이 직접 집에서 제작해 입었다고 해요. 제가 왜 그녀를 발레 의상 디자이너라 표현했는지 이해가 되겠죠? 생전에 전 유럽을 누리며 연간 4,000회 이상 공연한 그녀의 대표작은 바로 〈빈사의 백조The Dying Swan〉입니다. 파블로바는 같은 옷을 두 번 이상 입지 않았다고 해요. 연간 4,000회 이상 공연하는데 같은 의상이 없다니 그녀야말로 진정한 발레계의 패셔니스타가 아닐까요?

주로 하인이었던 만야(Manya)가 파블로바의 지시에 따라 발레 의상을 만들었다고 합니다. 또한 파블로바는 땀에 젖은 옷을 싫어해 〈빈사의 백조〉를 위한 백조 튜튜만 매년 100~300벌을 만들었습니다. 덕분에 만야는 발레 의상 디자인과 제작에 뛰어난 기술력을 가지게 됐죠. 그럼에도 불구하고 파블로바의 의상은 현재 전 세계에 단 세 벌 정도만 남아 있습니다.

또 파블로바는 튜튜를 만들기 위해 연간 수천 야드의 탈러턴(tarlatan)이라는 얇은 모슬린을 미국에서 수입했다고 해요. 여기서 잠깐! 파블로바의 튜튜에 쓰인 옷감은 지금처럼 널리 쓰이는 망사가 아니었답니다. 망사가 일반적이지 않던 당시에는 얇은 모슬린을 사용하거나 거즈에 전분으로 풀을 먹여 튜튜를 제작했다고 해요. 튜튜가 망사로만 제작됐던 것이 아니라는 점을 기억해주세요.

한편 파블로바가 죽음을 맞은 이후 그녀의 하인이자 발레 의상 제작자였던 만야는 다른 무용수를 위해 새로운 의상을 만들게 됐습니다. 바로 마고 폰테인입니다. 폰테인이 영국 로열 발레단에서 처음으로 입은 〈백조의 호수〉 의상을 만야가 제작해줬습니다. 당시 만야가 만든 폰테인의 백조 의상은 로열 발레단의 튜튜 제작 모델로 사용됐습니다.

현재 영국 로열 발레단의 〈백조의 호수〉 의상은 새롭게 디자인됐습니다. 그러나 2막 오데뜨의 의상만큼은 다른 백조들의 의상과 조금 다른 모습인데요. 바로 만야가 폰테인을 위해 처음 만들어준 의상에 대한 발레단의 예우로 남아 있는 것입니다.

BBC, 안나 파블로바의 의상

만야도 발레단도 너무 멋지고 대단한 것 같아요. 영국 로열 발레단의 〈백조의 호수〉를 관람하신다면 만야도 폰테인의 튜튜도 한번쯤 떠올리기를 바랍니다.

21세기

발레 의상의 진화

패션과 컬레버레이션

21세기를 살고 있는 저와 여러분은 모두 마음만 먹으면 전 세계의 발레를 쉽게 찾아서 즐길 수 있습니다. 직접 현지로 찾아갈 수도 있고 인터넷 검색만으로 혹은 유튜브, SNS로 전 세계 발레계 소식을 접할 수 있죠. 하다못해 오늘 저녁엔 어느 극장에서 어떤 발레 공연이 있는지도 알 수 있지요. 다양한 DVD와 블루레이(blue-ray)는 또 어떻고요. 바꿔 말하면 조금만 관심을 가지면 제가 아는 것을 여러분들도 모두 알 수 있습니다.

언제 어디서나 전 세계 극장의 다양한 레퍼토리, 다양한 버전의 클래식 발레와 새로운 창작 발레, 그리고 발레 의상을 쉽게 만날 수 있는 세상입니다. 발레 의상을 만들고 디자인하는 저로서는 새로운 정보와 자료가 넘쳐나는 그야말로 행복한 시대를 살고 있는 거예요. 과연 앞으로 펼쳐질 21세기 발레 의상은 무엇으로 채워지게 될까요?

사실 21세기의 공연 예술은 일상과의 경계가 허물어진 지 오래입니다. 마음만 먹으면 어디든 공연장이 될 수 있고 어떠한 소재로도 공연할 수 있으며 필요하다면 어떤 옷으로도 무대 의상을 만들 수 있습니다. 그럼 우리의 발레는 어떨까요?

저는 발레가 반드시 모든 변화를 받아들여야 할 필요는 없다고 생각합니다. 앞서 말씀드린 것처럼 수백 년이 지나도록 발레는 변화해왔고 지금도 끊임없이 변화와 발전을 거듭하는 중입니다. 여러분은 변하지 않는 고전 발레를 사랑하나요? 아니면 변화하는 발레를 사랑하나요? 변하든 변하지 않든 사실 발레는 발레입니다. 제가 앞으로 소개할 21세기 발레 의상 중에는 혁신적인 디자인이나 매우 과학적인 의상이 없을 수도 있습니다. 어쩌면 20세기의 발레가 지금보다 더욱더 실험적이었을지도 모르니까요.

그래도 21세기 발레만의 특징은 찾아볼 수 있습니다. 우선 패션과 발레 의상이 더욱 적극적으로 접목하게 됩니다. 패션은 그 시대의 사회와 문화를 상징하는 스타일을 의미하죠. 유행에 따라 늘 변화하고 새로운 것을 추구하려는 특성이 있습니다. 변화무쌍한 패션이 고전적인 발레와 만났을 때 어떻게 바뀌는지, 유행을 선도하는 패션 디자이너가 왜 그토록 발레 의상을 사랑하는지 궁금하기도 합니다. 20세기에 발레 뤼스와 예술가들의 협업이 활발하게 이루어진 이후 21세기에도 패션 디자이너들의 발레 사랑은 계속되었습니다. 이름만 들으면 모두 알 수 있는 수많은 브랜드와 발레와의 협업을 살펴보도록 하죠.

1. 샤넬(CHANEL)
샤넬의 발레 사랑, 발레의 샤넬 사랑, 1924~2021

발레 뤼스의 〈푸른 기차 le train bleu〉 속 의상을 디자인하며 1924년 처음 발레와 인연을 맺은 가브리엘 샤넬. 이후로도 여러 발레 작품에서 함께 협업하며 다양한 발레 의상들을 만들었습니다. 샤넬은 발레 의상을 처음 디자인했을 때 무용수가 느끼는 편안함과 자유로운 움직임을 가장 중요하게 생각했다고 합니다. 자신의 디자인 철학과 비전을 발레에 적용한 것이죠. 이 작품으로 샤넬은 발레 의상을 디자인하고 제작한 최초의 패션 디자이너가 되었습니다.

코코 샤넬, 〈푸른 기차〉
©Victoria and Albert Museum

그 후 2009년 당시 샤넬의 수장이였던 칼 라거펠트는 〈빈사의 백조〉의 의상 디자인과 2018년 〈볼레로 Bolero〉를 위한 빠 드 두 의상을 디자인했습니다. 또한 샤넬은 2018년부터 파리 오페라 발레단을 후원하며 개막 갈라 공연 〈데필레 défilé du ballet〉[13]의 의상을 담당하고 있습니다.

2021년에는 시즌 오픈 공연 속 두 명의 주역인 남녀 무용수를 위한 의상으로 블랙 컬러의 아름다운 튜튜를 선보였습니

---

[13] 파리 오페라 발레단의 전통적인 시즌 오프닝 행사인 데필레는 매년 공연 시작을 알리는 첫 번째 행사다. 발레 학교의 어린 학생부터 발레단의 주역 무용수까지 약 250여 명에 이르는 무용수가 무대 위로 천천히 행진하며 걸어 나와 관객들에게 인사하는 300년 전통의 파리 오페라 발레단만의 공연이다.

다. 160년 이상의 노하우를 계승해온 샤넬 소유의 메종 르사주(Maison Lesage) 공방에서 세심하게 한 땀 한 땀 수를 놓은 스팽글, 진주, 비즈, 크리스탈 등으로 장식한 빠 드 두 의상을 완성했습니다. 이 의상은 샤넬 공예의 진수와 별이 빛나는 밤하늘을 연상시키는 아름답고 호화로운 의상이라 평가받고 있습니다.

우리에게는 굉장히 자랑스런 이야기도 있습니다. 2021년 파리 오페라 발레단의 에뚜왈 박세은 발레리나가 샤넬의 발레 의상을 입고 21/22시즌 오프닝 공연에 오른 것입니다. 한국인 발레리나가 궁정 발레의 본고장인 프랑스 파리에서 최고의 의상을 입고 가장 아름다운 별이 되었다는 사실이 너무 자랑스럽습니다. 대한민국, 아니 세계 무용사에 한 획을 그은 대단한 일로 기록될 겁니다.

샤넬, 파리 국립 오페라 오프닝 갈라

한편 세계적인 무용수 스베틀라나 자하로바(Svetlana Zakharova)는 발레 속에서 가브리엘 샤넬로 변신하기도 했는데요. 발레 뤼스에서 만나 사랑에 빠졌던 샤넬과 이고르 스트라빈스키의 이야기를 그린 2019년 작품 〈모당스MoDanse〉입니다. 샤넬의 사랑과 일, 예술, 승리와 외로움에 대한 발레 〈모당스〉. 한국에서는 공연이 예정됐다가 전 세계를 강타한 코로나 사태로 인해 아쉽게도 공연이 취소되었습니다. 하루빨리 자하로바가 샤넬의 의

⟨모당스⟩의 의상

상을 입고 춤추는 발레 공연을 만날 수 있기를 바랍니다.

2. 발망(BALMAIN)
세바스티앙 베르토
⟨르네상스 Renaissance⟩, 2017

2017년 발망은 파리 오페라 발레단과 함께 작업한 세바스티앙 베르토(Sébastien Bertaud)의 안무작 ⟨르네상스⟩ 속 의상에서 브랜드 이미지를 발레 의상에 고급스럽고 아름답게 담아냈습니다. 스킨 톤의 의상에 금, 은, 흰색의 구슬, 진주 장식을 빼곡히 달아 발망 특유의 입체적이고 정교한 의상을 완성했습니다. 보석으로 장식된 살색 레오타드, 스터드 팬츠와 런웨이에서도 만날 수 있는 섬세한 비즈 실버 재킷으로 이루어져 있습니다.

의상 자체가 하나의 작품처럼 너무 정교하고 아름답습니다. 오뜨꾸튀르 수준의 복잡하고 정교하며 섬세한 장인 정신을 엿볼 수 있는 의상이었습니다. 발망의 발레 의상은 빼곡한 장식 때문에 의상 자체의 무게가 결코 가볍지 않아서 무용수들이 우아하면서도 쉽게 움직일 수 있도록 의상을 제작하는 것이 매우 중요했다고 합니다. 또 발레 자체의 스토리를 방해하지 않고 관객들이 발레 의상의 아름다움을 함께 감상할 수 있도록 타협과 균형의 조화 속에서 협업을 이뤘다고 합니다. 발망이라는 브랜드를 다시 한번 각인시켰던 멋진 의상이었습니다.

발망, 〈르네상스〉 의상 디자인

3. 장 폴 고티에(Jean Paul Gaultier)
앙줄랭 프렐조카주
〈백설공주Snow White〉, 2008

프랑스 최고의 안무가 중 한 명인 앙줄랭 프렐조카주(Angelin Preljocaj)가 고티에에게 새로운 〈백설공주〉의 프로덕션 의상을 의뢰했을 때, 고티에 자신도 발레와는 잘 맞지 않을 것이라 생각했다고 합니다. 하지만 그의 말이 무색할 만큼 천재 안무가와 천재 디자이너의 만남은 그야말로 멋지고 세상에 없었던 발레 의상을 탄생시켰습니다.

수많은 명품 브랜드들은 발레라는 고급 이미지를 자사 브랜드의 광고에 활용하곤 합니다. 그중 고티에야말로 패션 디자인을 넘어 작품 속에 등장할 무대 의상을 정확히 이해하고 각각의 등장인물에 부합하는 멋진 캐릭터를 창조해냈다고 생각합니다. 그는 클래식 발레에 나오는 뻔한 디자인을 내놓지 않았습니다. 심지어 튜튜가 등장하지도 않습니다.

장 폴 고티에, 〈백설공주〉 의상 디자인

　물론 프렐조카주의 안무가 〈백설공주〉의 이야기를 아름다운 동화 발레가 아니라 어둡고 음울한 잔혹 동화로 재해석했기 때문이기도 합니다. 그럼에도 불구하고 튜튜는 아예 등장하지 않습니다. 대부분의 무용수들이 맨발로 출연하거나 오히려 하이힐을 신고 춤을 춰요. 특히 고티에는 사악한 계모의 캐릭터를 '거만하고 가학적이며 잔인하다'고 해석하고 의상으로 표현해냈습니다. 의상에 피가 흐르는 것 같은 효과를 줬을 뿐만 아니라 코르셋, 허벅지 높이의 부츠와 하이컷 블랙 뷔스티에(bustier) 같은 소품을 활용해 계모의 인상을 한층 강하게 그려냈죠.

　그에 반해 백설공주의 의상은 매우 부드럽고 아름다우며 관능적이고 순수함을 표현하고 있습니다. 우선 흰색 저지 소재에 드레이프가 있는 의상이 인상적입니다. 또 오픈된 옆선으로는 무용수의 신체가 많이 드러나지만 앞뒤 모두 몸에 딱 붙도록 고무줄로 고정시켰습니다. 마치 아기의 포대기를 연상시키는 식으로 섹시하면서도 순결한 모습으로 백설공주를 표현하고 있습니다.

TIP 튜튜를 빛낸 결정적 인물!

〈베아트릭스 포터Tales of Beatrix Potter〉의 의상 디자이너
크리스틴 에드자드
(Christine Edzard)

평소 꾸준히 공연 관람, 영상과 DVD 시청 등으로 수많은 발레 작품, 의상을 간접 경험하던 중 두 눈이 뒤집힐 만큼 충격적인 발레를 본 적이 있습니다. 이것만은 제발 잊히지 않았으면 하는 바람과 '발레 의상에 이런 게 있었다고?'라는 생각이 들 만큼 인상적인 작품을 딱 하나 꼽으라고 한다면 저는 망설임 없이 그 작품을 선택합니다.

바로 영국 로열 발레단에 소속된 프레드릭 애슈턴(Frederick Ashton, 1904~1988)의 작품인 〈베아트릭스 포터〉(1971)입니다. 혹시 여러분은 '피터 래빗'을 알고 있나요? 발레에 웬 동물이고, 웬 토끼냐고 궁금해할 수 있습니다. 그런데 피터 래빗은 영국에서 태어나 전 세계적으로 큰 사랑을 받고 있는 동물 캐릭터예요. 아마도 주변에서 옷과 컵 등의 캐릭터 상품으로 흔하게 접해봤을 거예요. '피터 래빗'으로 잘 알려진 베아트릭스 포터는 영국의 국민적인 동화 작가입니다. 〈베아트릭스 포터〉는 그녀의 이야기로 만들어진 영국 로열 발레단의 동화 발레입니다.

먼저 그녀에 대해 소개를 해야겠네요. 포터는 지난 30년간 총 23권의 동화를 남겼습니다. 대부분은 피터 래빗과 다양한 동물 캐릭터가 주인공입니다. 그녀는 외로운 어린 시절을 보냈다고 하는데요. 어린 시절 스코틀랜드와 잉글랜드 호수 지역에서 보낸 추억들이 동물에 대한 사랑과 상상력 넘치는 수채화의 원동력이 됐다고 해요. 그녀의 작품들은 쉬운 문장과 수채화 그림으로 많은 사랑을 받았습니다.

이 발레는 영국 로열 발레단의 산증인이자 영국의 대표적 안무가 프레데릭 애슈턴의 작품입니다. 그는 작품 속에서 포터의 동화 속 주인공인 동물들의 이야기를 발레로 만들었습니다. 영국 로열 발레단의 무용수들도 토끼, 쥐, 거위, 개구리, 여우 등의 동물로 분장해 아기자기하고 환상적인 동화의 세계로 관객들을 이끌고 있습니다. 한번 보면 절대로 잊을 수 없는 비주얼과 환상적인 동화 세계가 펼쳐지죠. 아이부터 어른까지 모두 함께 즐길 수 있는 정말 흥미롭고 즐거운 가족 발레입니다. 저는 지금까지 〈베아트릭스 포터〉의 DVD를 몇 번이나 봤는지 모릅니다. 누구에게나 소개하고 일 년에도 몇 번씩 다시 꺼내 볼 만큼 저에겐 명작 중의 명작입니다.

이 작품의 안무가인 애슈턴은 '가장 영국적인 안무가'라는 평을 듣고 있습니다. 특히 극 중 등장인물들의 관계를 따스하고 유머러스하게 표현하는 데 있어서 최고 거장이라 손꼽히고 있습니다. 주로 푸근하고 서정적이며 가족적인 분위기에 아기자기하고 짜임새가 뛰어난 작품들을 만들었어요. 줄거리 있는 발레를 선호한 편이지만 극적인 긴장감보다 춤 자체의 아름다움을 추구하고 표현한 인물로 평가되고 있습니다. 〈베아트릭스 포터〉도 동화 발레지만 그의 특징이 잘 드러나 있습니다.

〈베아트릭스 포터〉는 1971년에 초연됐습니다. BBC에서 TV

영화판으로 제작한 영상 자료가 남아 있어요. 정확히 말하자면 이 발레는 20세기 작품입니다. 그러나 제가 이 책에서 여러분에게 소개해드리고픈 작품 버전은 2007년 크리스마스 시즌 공연 실황입니다. 그래서 21세기에 잊을 수 없는 발레 작품으로 분류하고 싶습니다.

    이 작품은 발레도 발레지만 무엇보다도 발레 의상이 가히 압도적입니다. 정말 우리를 환상적인 동물 세계로 인도하고 있죠. 도대체 저 의상은 어떻게 만든 걸까? 소재는 무엇으로 만들었을까? 무용수들은 과연 앞이 보이는 걸까? 답답하지 않을까? 얼마나 많은 기술이 필요할까? 이 작품을 처음 봤을 때 저는 수많은 호기심과 궁금증, 충격에 싸여 발레를 집중해서 볼 수도 없었어요. 동물에 대한 치밀한 묘사와 철저하게 계산된 안무는 정말 그 동물이 눈앞으로 튀어나오거나 제가 작아져 동물 세상으로 들어간 듯한 착각마저 들게 했거든요. 발레 자체를 마음껏 즐기기에도 충분하고 21세기 발레 의상의 기술과 수준을 느끼기에도 매우 훌륭한 작품입니다. 자! 그렇다면 이토록 대단한 발레의 의상 디자이너는 누구일까요?

    바로 영화감독이면서 작가, 의상 디자이너로 활동한 크리스틴 에드자드입니다. 그녀는 〈베아트릭스 포터〉로 1972년 영국 아카데미 영화상에서 의상상과 미술상을 받았습니다. 당시 무려 2년간의 준비 기간과 구상을 거쳐 의상을 개발했으며 200개가 넘는 스케치를 했다고 해요. 대단한 업적이죠. 게다가 발레를 위한 영화의 의상 디자인이 영국 아카데미 의상상을 받다니요! 또 그녀는 〈베아트릭스 포터〉의 영화판 제작자이자 각본을 쓴 리처

드 굿윈(Richard Goodwin)의 아내이기도 합니다.

〈베아트릭스 포터〉에는 사랑스러운 피터 래빗, 가벼운 몸짓과 반짝반짝 매끈한 피부를 가진 점프 선수 개구리, 여우와 엄마 오리, 도토리를 까먹는 사랑스러운 다람쥐, 부엉이, 쥐, 귀여운 돼지들도 등장해요. 동물의 털로 뒤덮인 가면과 동화에서 바로 튀어나온 듯한 의상들이 여러분들의 눈에도 신기한가요? 놀랍게도 이 의상은 무용수들의 시야와 땀을 위한 통풍, 움직임까지 모두 고려해 만든 그야말로 아트 디자인과 의상 제작 기술의 결합체입니다. 다람쥐의 털옷과 풍성한 꼬리는 모두 망사를 사용해 만들었다고 해요. 정말 놀라운 디테일이죠.

아마 이토록 귀엽고 사랑스러운 동물들이 발레를 하는 모습을 직접 본다면 누구라도 그 매력에 빠져 정말 잊지 못할 순간이 될 겁니다. 제가 그랬던 것처럼요. 잠시 책을 덮고 〈베아트릭스 포터〉 발레를 검색해보세요. 짧은 영상을 찾아봐도 좋습니다. 분명 저처럼 시간을 내서 처음부터 집중해 끝까지 다시 보고 싶을 테니까요.

크리스틴 에드자드의 숨은 작품 하나를 더 소개할게요. 그는 1979년 작품인 〈하늘을 나는 여행가방 Stories From a Flying Trunk〉이라는 영화에서도 영국 로열 발레단과 함께 작업을 했습니다.

 〈베아트릭스 포터〉 영국 로열 발레단

매우 흥미로운 영상과 함께 무용수들이 등장하니 반짝반짝 빛나는 그녀의 아이디어를 감상해볼 수 있습니다.

〈돈키호테〉 키트리 의상

제3장

튜튜 제작소

튜튜를 어떻게 만드는지 궁금해하는 분들이 많습니다. 지금부터는 여러분을 저의 튜튜 제작소로 초대하겠습니다. 〈파리의 불꽃〉 속 발레리나의 튜튜 제작을 의뢰한 고객님의 치수 측정부터 마무리 작업까지 이뤄지는 모든 과정을 설명해드리려 합니다. 여러분도 지금부터는 제작소의 한 일원이 되어 튜튜 제작의 모든 과정을 상상해보시면 좋겠습니다. 마침 제작소로 고객님이 오셨네요.

"안녕하세요? 튜튜 제작소에 오신 것을 환영합니다. 어떤 의상이 필요하시죠? 〈파리의 불꽃〉 중 여자 솔로 의상이 필요하시다고요? 알겠습니다. 우선 의상 제작이 어떻게 진행되는지부터 설명할게요. 〈파리의 불꽃〉이라면 클래식 튜튜로 진행해야겠네요.

필요한 의상을 맞추기 위해 고객님의 신체 치수부터 재야 합니다. 혹시 리허설 영상 녹화본이 있나요? 의상 제작 과정에 참고하려 합니다. 오늘은 사이즈를 측정하고 의상 디자인에 대해 이야기를 나눌 거예요. 그리고 다음번에 뵐 때까지 저희는 측정한 사이즈를 바탕으로 의상의 기본 패턴을 만들고 고객님의 튜튜를 위한 가봉을 준비하도록 하겠습니다.

가봉을 한 뒤에는 제가 디자인한 의상에 대해 설명을 드리고 이야기를 나눌 겁니다. 만약 디자인이 조금 맘에 들지 않더라도 걱정하지 마세요. 제작하면서 수정하고 보완할 시간은 충분하니까요. 두 번째 만날 때 가봉이 잘 끝나고 디자인이 결정되면 선택한 원단을 재단하고 의상 제작에 들어갑니다. 의상을 다 만들고 나면 장식을 하고 헤드피스나 티아라 같은 액세서리까지 모두 준비를 마치고서 다시 연락드릴게요. 의상이 완성되면 오셔서 입어보시고 불편한 곳이 있다면 말씀해주세요. 수정해드리겠습니다. 그럼 의상이 모두 제작될 때까지 총 세 번은 만나게 될 거예요."

1. 치수 재기

이제 본격적으로 튜튜를 제작하게 됩니다. 가장 먼저 튜튜를 입을 고객님의 신체 치수를 재야 합니다.

"레오타드를 입고 편안하게 서주세요. 발뒤꿈치는 붙이고 시선은 앞을 향하고 편하게 서 있으면 됩니다. 아래를 보지 말고 조

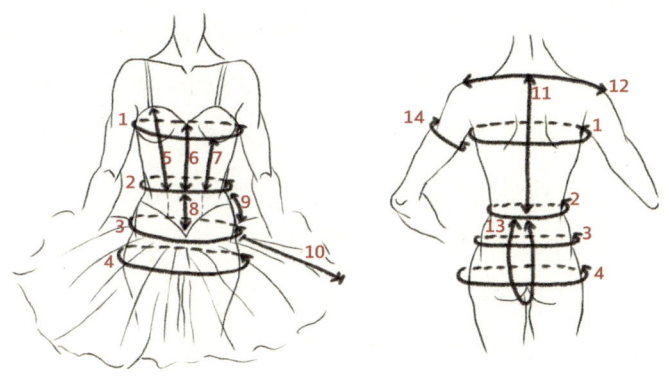

측정해야 할 신체 사이즈

1. 가슴둘레
2. 허리둘레
3. 골반둘레
4. 엉덩이 둘레
5. 허리에서 의상의 높이
6. 허리에서 의상 중앙의 높이
7. 허리에서 B.P 점까지의 길이
8. 허리선에서 의상의 아래기장
9. 허리에서 골반뼈까지의 길이
10. 튜튜의 길이
11. 뒷목에서 허리 길이
12. 뒤 어깨 길이
13. 밑위 길이
14. 팔뚝둘레

금만 참아주세요. 모두 정확한 사이즈 측정을 위해서입니다. 그럼 먼저 허리에 끈을 묶을게요. 이 선의 위치가 허리둘레, 허리선의 기준이 되고 나중에 의상의 허리선이 오는 곳입니다. 제가 허리선을 이곳으로 잡아도 될까요? 몸에서 가장 잘록한 부분이라고 보시면 돼요. 그럼 시작하겠습니다.

먼저 가슴둘레를 재고, 다음은 허리둘레, 허리에서 골반뼈까지의 높이, 그리고 그 선의 골반 둘레, 엉덩이의 가장 넓은 부분의 엉덩이 둘레를 측정합니다. 이제 밑위 길이를 잴게요. 허리선의 앞 중앙에서 다리 사이를 통과해 뒤 중앙까지의 길이를 측정했습니다. 의상에 붙을 하의와 팬티 부분을 위해서 측정했어요. 이 부분이 여유 없이 꼭 맞거나 길이가 짧으면 엉덩이에 의상이 자꾸만 낄 거예요. 그래서 조금 여유 있게 제작하겠습니다.

이번엔 보디스 제작을 위해 의상이 올라오는 높이를 잴게요. 깡브레나 턴과 점프 동작할 때 불안하지 않도록 높이를 조금 높게 잡도록 하겠습니다. 그리고 중앙에서 허리까지의 길이를 재겠습니다. 여긴 의상의 중앙 부분으로 의상이 여기까지 올라오도록 제작할 거예요. 그리고 BP(bust point, 가슴의 가장 높은 부위)에서 허리까지의 높이를 측정합니다. 이제 뒤로 돌아보시겠어요? 뒤 중앙 톡 튀어나온 목뼈에서 허리선까지의 길이와 뒤 어깨 넓이를 측정했습니다. 다시 한번 앞을 보고 서주세요. 팔 장식을 위해 팔뚝 둘레를 측정할게요. 네. 됐습니다.

알 라 스꽁드 동작을 해주세요. 튜튜 길이를 측정하겠습니다. 골반 뼈 위치에서 튜튜 길이를 측정할게요. 튜튜는 이곳에서 시작돼 길이가 이 정도 될 거예요. 괜찮은가요? 그럼 이렇게 진행하겠습니다. 옷 갈아입고 나오시면 세부적인 부분에 대해 이야기를 나누도록 할게요."

2. 작품과 디자인에 대한 토론

튜튜를 입을 고객님의 치수를 재고 나면 이제부터 본격적인 의상의 디자인 콘셉트에 대해 이야기를 나눌 차례입니다.

"이쪽으로 앉으세요. 지금부터 몇 가지 질문을 드릴게요. 키와 몸무게는 어떻게 되시죠? 혹시 발레 의상을 입어본 적이 있나요? 첫 의상이시군요! 발레는 얼마나 하셨지요? 이 의상은 어떤 용도로 필요한 건가요? 아, 콩쿠르에 나가는군요. 알겠습니다. 그럼 평소 레오타드나 옷을 딱 맞게 입는 걸 선호하시나요, 아니면 꽉 끼는 것보다 조금 편안하고 여유 있는 게 좋으신가요? 편안한 걸 좋아하시는군요. 그렇다면 꽉 조이지 않고 조금 여유 있게 가봉하도록 준비할게요. 사이즈나 느낌은 그때 입어보고 다시 의논하기로 하죠.

이제 의상에 대해 이야기해볼까요? 혹시 평소에 입고 싶었던 디자인이 있나요? 〈파리의 불꽃〉은 프랑스 혁명이 배경이라서 발레리나가 보통 흰색 튜튜에 프랑스 국기의 삼색, 즉 빨강·파랑·흰색을 사용해 의상 장식을 하는 게 일반적인데요. 역할이 프랑스 시민이다 보니 극 중에서는 보석도 거의 사용하지 않죠. 발레 의상 치고는 매우 단순한 디자인에 속하는 편입니다.

혹시 작품을 연습하시는 영상을 볼 수 있을까요? 콩쿠르에 입을 옷이니 아무래도 극 중 캐릭터를 표현하는 것도 중요하지만 의상을 입는 분의 춤이 좀 더 편안하면서 돋보일 수 있도록 디자인해보려고 합니다. 오늘 모든 걸 결정하실 필요는 없어요. 걱정 마세요. 영상을 보니 상체가 너무 예쁘네요. 콩쿠르용 튜튜가 화려한 것도 좋겠지만 상체의 표현이 좋으니 춤 출 때 목선, 팔 라인, 감정 표현 등이 돋보일 수 있도록 보디스와 머리에 꾸밀 장식을 더 신경 쓰는 게 좋겠어요. 다음 가봉 때까지 제가 좀 더 리서치도 하고 고민해보고 디자인할게요. 혹시 입고 싶은 디자인이 있거나 참고했으면 하는 사진이 있으면 언제든 보내주세요. 그럼 가봉 때 뵙겠습니다. 감사합니다."

3. 디자인 결정

치수 측정과 디자인에 대한 토론을 마치고 나면 고객님의 리허설 영상과 리서치한 자료를 토대로 이미지 맵이나 무드 보드 등을 만들어보는 편입니다. 이때 최근 2~3년 내 콩쿠르에서 〈파리의 불꽃〉으로 어떤 의상을 입었는지, 세계 각국의 발레단들은 동일한 작품 속 의상 디자인을 어떻게 표현했는지 최대한 다양하게 리서치를 하기도 하죠. 또 극 중 배경인 프랑스 혁명이나 이를 소재로 한 그림, 프랑스 국기를 모티브로 디자인된 액세서리나 상품을 조사해 그중에서 필요한 자료를 정리하고 추려내기도 합니다. 제가 리서치한 이미지 자료와 고객님의 체형이나 니즈에 맞도록 디자인 시안도 2~3가지 그려보고요. 만약 고객님이 원하는 디자인이 이미 리서치한 자료 중에 있다면 사진으로도 보여드릴 수 있게 준비합니다.

4. 패턴 만들기

아직 확정되지는 않았지만 의상이 2~3가지의 디자인으로 추려지면 가봉을 위해 의상 패턴을 만듭니다. 만약 제작할 의상의 디자인을 고객님이 결정했다면 가봉 작업이 훨씬 수월하겠죠. 아무튼 클래식 튜튜 제작을 위해 필요한 사이즈를 모두 쟀으니 실측한 사이즈에 맞는 패턴을 먼저 종이에 그리고 면이나 광목 원단에 패턴을 따라 재단합니다. 보디스의 경우 보통 의상의 안감으로 사용될 면으로 가봉을 준비합니다. 재단된 원단은 치수에 맞게 봉재하고 어깨끈 등을 별도로 준비합니다. 이 의상은 클래식 튜튜라서 골반, 팬티 부분의 가봉도 중요하겠네요. 흰색 튜튜이니 골반도 팬티도 흰색에 어울리는 망사를 골라 패턴에 따라 재단하고 봉재한 후 신체 치수를 다시 확인하고 가봉 준비를 마칩니다. 이제 고객님에게 연락드릴 시간입니다.

5. 가봉하기

오늘은 고객님이 튜튜 제작소를 찾아와 가봉을 하는 날입니다. 곧 고객님이 도착할 예정이니 여러분도 함께 가봉 작업에 참여한다고 상상해보세요.

"안녕하세요? 그동안 잘 지내셨나요? 보내주신 자료들 감사했습니다. 우선 레오타드로 갈아입고 가봉부터 진행하도록 할게요. 준비되셨나요? 의상의 정확한 사이즈 가봉을 위해 보디스는 맨 살 위에 입고 확인하도록 하겠습니다. 발레 의상을 무대 위에서 입을 때 보통 여성용 속옷을 입지 않잖아요. 그래서 동일한 조건하에서 가봉을 하겠습니다. 저를 바라보고 서주시겠어요? 제가 살펴보니 허리 부분에 여유가 있어서 조금 더 타이트하게 조절해도 되겠어요. 제가 우선 시침 핀으로 분량을 잡아볼 테니 느낌을 한번 봐주세요. 알 라 스꽁드 해주세요. 의상의 앞에서 겨드랑이 쪽 감싸는 부분은 이 정도가 적당할 것 같아요. 어깨 끈 길이가 꽉 조이는지 느슨한지 알려주세요. 제가 허리띠를 해드릴 텐데 위치를 기억했다가 나중에 의상이 나오면 이 위치에서 의상 안쪽으로 허리띠를 맞춰 입으면 됩니다.

이번에는 거울로 등 쪽을 봐주세요. 등이 너무 넓게 보이게 하기보다는 옆 쪽을 좀 더 의상으로 감싸고, 뒤 중심 부분만 조금 더 깊게 파서 등 라인을 가늘고 길게 보이도록 디자인하려고요. 보디스의 착용감도 편안하고 안정적인지 말씀해주세요. 괜찮으시다면 상의는 이 패턴으로 제작하겠습니다. 이제 골반과 팬티 부분을 가봉하겠습니다. 레오타드를 입으셔도 좋아요. 골반은 딱 맞게 할 것이고, 골반 높이 아래 부분에서부터 튜튜가 달릴 겁니다.

튜튜 길이는 알 라 스꽁드 할 때 골반에서 손목 정도까지 오도록, 고객님에게는 38~39센티미터를 넘지 않도록 제작하겠습니다. 팬티는 조금 여유 있는 것이 좋아요. 여러 겹의 망사 주름이 겹겹이 달리다 보니 완성되면 좀 줄어들고 꼭 맞는다고 느낄 거예요. 엉덩이는 충분히 덮고 팬티 앞부분은 이 정도 높이입니다. 다리 한번 들어보시겠어요? 혹은 빠쎄 동작을 해보세요. 다리를 들 때 전혀 문제되지 않을 겁니다.

이제 가봉이 끝났습니다. 완성된 의상을 입으면 아마 오늘보다 조금 더 몸에 꼭 끼는 것 같은 느낌이 들 수도 있어요. 오늘처럼 한 겹이 아니라 의상은 보통 두 겹으로 이루어지고 그 위에 장식이 달려서 처음에는 '너무 딱 맞는 게 아닐까?' 하고 생각할 수도 있지만 착용하고 한 번만 리허설해보면 금세 몸에 편안하게 잘 맞을 겁니다. 입을수록 몸과 움직임에 알맞게 길이 들 테니 걱정 마세요.

제가 처음에 해드렸던 이야기들과 보내주신 자료를 바탕으로 고객님에게 잘 어울리도록 디자인해봤습니다. 고객님은 목선

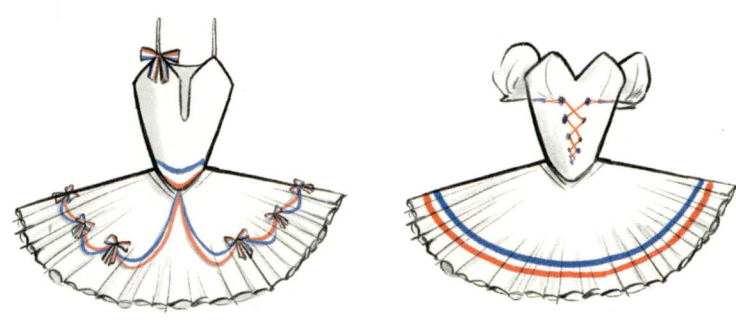

과 뽀르 드 브라 라인이 아름다우니 춤을 출 때 이런 장점들이 잘 드러나도록 포인트를 주면 좋을 듯합니다. 그러면 아마 관객의 시선이 위로 갈 수 있을 거예요. 물론 튜튜의 길이도 중요하고 의상의 전체적인 비율도 고려했지만, 제 생각에는 보디스에 포인트 장식을 하고, 헤드피스는 발레 번을 높고 넓게 한 뒤 프랑스 국기 색상으로 리본을 만들어 아래쪽에 달고 발레 번의 한쪽에만 흰 꽃을 조금 달아줄까 해요. 리본은 너무 크지 않게요. 디자인은 이것과 저것 중에 어떤 것이 좀 더 마음에 드시나요? 아, 이거요? 알겠습니다. 그럼 1번 디자인으로 결정하고 진행할까요? 혹시 궁금하신 점이나 제가 더 알아야 할 게 있나요?

첫 번째 콩쿠르 일정이 아직 여유가 있으니, 완성된 의상을 입고 연습하실 시간이 충분하겠어요. 그럼 제가 의상을 예쁘게 만들 일만 남았네요. 제가 오늘 말씀드리고 서로 체크해야 할 사항들은 전부 이야기 나눈 것 같습니다. 의상이 완성되면 바로 연락드릴게요. 아마도 공정상 ○월 ○주로 예상하고 있습니다. 그때 다시 뵙겠습니다."

6. 수정하기 가봉 과정에서 고객님의 의상에 어울리는 패턴도 너무 잘 맞고 수정해야 할 사항이 없다면 수정 과정을 생략해도 좋습니다. 그러나 저는 가봉할 때 고객님의 허리 부분을 조금 더 타이트하게 줄였고 다시 한번 완성될 사이즈를 확인한 뒤 가봉한 옷감을 다시 의상의 패턴으로 사용할 수 있도록 분리해 준비합니다. 다행히 디자인에도 커다란 변동 사항이 없다면 가봉한 대로 의상을 제작하면 됩니다.

7. 의상 제작 단계 고객님의 튜튜 사이즈가 확정되면 튜튜의 길이에 맞춰 필요한 망사들을 재단합니다. 망사의 끝 부분도 예쁘게 꽃 모양 혹은 물결 모양처럼 잘라서 준비합니다. 이번 의상에는 총 12겹의 레이어가 필요하기 때문에 재단된 망사는 길이별로 필요한 양만큼 연결해 준비합니다. 가봉한 골반의 허리에는 고무줄을 달아 준비합니다. 골반의 아래 부분 쪽에는 튜튜의 1번 레이어의 주름을 잡아 사이즈에 맞게 봉제합니다. 가봉해둔 팬티에 부드러운 망사로 자잘하게 주름을 잡아 밑위 부분에 달아줍니다. 피부에 가장 가깝게 닿는 곳이니 아무래도 부드러운 망사를 사용했습니다. 2번 레이어부터 12번 레이어까지 각 장 모두 주름을 잡아 팬티에 순서대로 한 겹씩 차곡차곡 달아줍니다.

뚝딱 될 것 같은 이 작업 과정은 재단하고 망사를 연결하는 데 하루, 각 레이어를 모두 주름 잡는 데만 최소 10시간이 걸리는 긴 반복 작업입니다. 숙련된 마스터들도 튜튜의 주름을 다는 데만 최소 10시간을 사용하는데요. 만약 숙련된 기술자가 아니라면 더 오랜 시간을 들여서 재봉해야겠죠? 2번 레이어까지 달려 있는 팬티와 1번 레이어가 달려 있는 골반을 합복합니다. 이게 또 굉장히 까다롭고 힘도 많이 드는 과정이에요.

이제 겨우 튜튜의 틀이 나왔네요. 재봉이 끝난 튜튜의 중간 레이어에 와이어 후프를 끼우고 튜튜의 수평을 맞춥니다. 의상 제작 과정의 중간중간 고객님의 신체 사이즈에 잘 맞는지 체크하는 과정도 매우 중요합니다. 체크! 또 체크! 필요에 따라 튜튜에 끼우는 와이어 후프로 튜튜의 기울기를 수평으로 바짝 세우기도 하고 살짝 아래로 처지도록 조절하기도 합니다.

요즘은 발레리나의 엉덩이와 밑위가 너무 드러나지 않도록 튜튜를 살짝 처지도록 만드는 게 추세예요. 요즘은 우아한 라인의 튜튜가 유행이니 조금 기울기를 조절하려고 합니다. 그러나 처음 완성된 튜튜는 거의 180도처럼 보일 거예요. 튜튜의 주름들이 풍성하게 자리 잡고 있어 기울기를 느끼지 못할 만큼 튜튜가 수평으로 보이겠지만 입으면 입을수록 중력과 온도, 습도에 의해 조금씩 처질 것이고 풍성했던 튜튜는 조금씩 납작하게 변해갈 것입니다. 숙련된 튜튜 디자이너라면 이런 점까지 계산해야 합니다.

와이어 후프를 끼운 튜튜는 이제 손바느질과의 사투를 앞두고 있습니다. 춤을 출 때 튜튜의 각 레이어가 펄럭이지 않고, 빳빳하게 서 있을 수 있도록 무한 반복 바느질을 해야 합니다. 튜튜는 망사를 재단하고 연결하는 데 하루, 각 주름을 다는 데 또 하루, 와이어 후프를 끼우고 바느질하는 데 하루가 걸립니다. 그 전에 골반과 팬티 부분 준비 작업은 또 어떻고요. 튜튜의 바느질이 끝나고 사이즈에 이상이 없다면 다시 의상을 튼튼하게 고정시켜줄 후크를 마지막에 달고 팬티에 고무줄을 끼워 사이즈에 맞게 꿰매줍니다. 드디어 끝입니다.

이렇게 팬케이크 튜튜 하나를 완성하는 데 40~60시간이 걸린답니다. 이제 튜튜를 만들었으니 보디스도 만들어야죠. 가봉을 끝낸 뒤 다시 분리된 패턴으로 재단합니다. 깨끗하게 삶아 빤 면 100퍼센트의 안감을 곱게 다려 잘 재단하고, 디자인에 맞춰 선택한 원단으로 겉감을 재단합니다. 안감과 겉감은 튜튜의 제작 방식에 따라 한 번에 함께 봉재될 수도 있고 겉감과 안감이 따로 분리되는 경우도 있습니다. 저희 제작소는 후자 쪽이니 우선 깨끗한 면으로 안감을 모두 연결해 봉재합니다. 겉감도 패턴에 따라 봉재한 후 안감과 겉감을 의상의 뒤쪽에서 연결합니다. 의상의 위 라인은 시접을 오버로크로 잘 정리하고 손바느질로 안감에 고정합니다. 그리고 의상의 뒷부분 여밈을 위해 훅앤아이(후크)를 촘촘히 꿰매줍니다.

안감 쪽에는 허리끈을 달아줍니다. 가봉 때 이야기했던 부분이죠. 허리에서 가장 잘록하고 의상의 모든 기준선이 되는 부분이에요. 허리끈을 달고 고객님 사이즈를 다시 한번 확인합니다. 가슴둘레, 허리둘레, 의상의 높이, 중앙의 높이, BP에서 허리까지의 높이, 골반의 높이와 골반둘레까지 확인합니다. 어깨 고무줄도 꿰매고요. 사이즈도 이상 없이 잘 만들어졌다면 보디스의 틀은 드디어 완성입니다. 튜튜도 준비됐고, 이제 보디스도 있으니 발레 의상 제작의 하이라이트! 장식으로 들어가보죠.

8. 장식하기   재봉이 끝난 보디스를 마네킹에 입혀 주름이 지지 않도록 팽팽하게 당겨 잘 입혀줍니다. 다음으로 의상 디자인에 따라 보디스에 장식을 시작해요. 안감과 겉감이 따로 있는 보디스이다 보니 바느질에 좀 더 신경을 써야 합니다. 빨리 작업하다 보면 안감이 함께 꿰매지는 경우도 많거든요. 주로 마네킹에 입혀 놓은 채로 장식의 자리를 잡는데요. 바닥에 놓고 장식을 하게 되면 바느질을 하면서 사이즈가 줄어들거나 무용수가 입었을 때 쭈글쭈글 울기도 해서 만족스러운 착용감을 얻을 수 없어요. 그래서 마네킹에 입혀 충분히 신체 사이즈에 맞게 편안히 늘린 상태에서 장식을 꿰매고 달아야 무용수가 의상을 입었을 때 만족할 만한 실루엣과 편안함을 느낄 수 있습니다.

우선 가슴 부분에 장식할 크리스털을 핀이나 전용 본드로 임시 부착합니다. 바로바로 꿰매면 옷에 바느질 자국이 남을 뿐만 아니라 수정하기가 쉽지 않으니 전체적으로 장식을 올려보고 괜찮으면 본격적으로 보디스에 고정시켜주는 것이 좋습니다. 발레 의상 장식에서 가장 중요한 점은 크리스털, 비즈, 스팽글을 꿰매 의상에 고정할 때 한 번에 여러 개 혹은 한 구역을 이어서 달지 않는다는 점이에요. 혹시 모를 무대 위에서의 의상 사고를 방지하기 위해서입니다.

무대 위에서 춤을 추다가 의상에 걸리거나 뜯기더라도 최소

한으로 떨어지게 하는 대비책입니다. 만약 둥근 구슬들이 무대 위에 주르륵 떨어져 무용수가 모르고 밟기라도 한다면 어떻게 되겠어요? 상상만 해도 끔찍하죠? 이런 이유로 발레 의상에 장식을 달 때는 실을 바늘에 끼워 매듭짓고 구슬을 한 개 고정하고 다시 매듭짓기를 반복합니다. 적게는 수십 개에서 많게는 수백 번 같은 작업을 반복 또 반복합니다. 지루하지만 무용수를 위해 반드시 해야 하는 작업입니다.

이처럼 튜튜의 제작 과정은 쉽지 않습니다. 보디스의 모든 바느질이 끝나고 크리스털까지 붙였습니다. 이제는 튜튜의 장식 레이어 차례인데요. 다시 튜튜의 장식을 시침 핀으로 임시 고정하고 확인 후에 문제가 없다면 완벽히 고정합니다. 크리스털과 마찬가지로 보석과 스팽글을 하나하나 무한 반복으로 꿰매줍니다.

디자인에 따라 발레 의상은 장식 작업에만 평균 3~5일이 소요됩니다. 매우 긴 시간이지만 이 작업이 끝나고 나면 탄성이 절로 나올 만큼 아름다운 의상이 눈에 들어오기 시작합니다. 의상을 제작하기 때문에 그 누구보다 가장 먼저 반짝이는 이 순간을 볼 수 있죠. 고된 일인 만큼 그 어느 때보다 보람과 희열을 느끼는 순간이기도 합니다. 머릿속 상상으로만 존재하던 디자인이 현실에 나타나 무용수가 입을 시간이 다가오고 있습니다. 보디스를 장식하고 튜튜의 맨 위에 올릴 장식 레이어가 드디어 완성이 됐습니다.

9. 합복하기

드디어 기나긴 바느질이 끝나고 보디스와 튜튜를 붙여 의상을 완성하는 일만 남았습니다. 그런데 이 작업도 쉽지 않아요. 장식이 모두 끝난 상의와 하의를 준비하고 고객님의 사이즈를 다시 확인합니다. 완성된 새하얀 튜튜 위에 장식 레이어를 올립니다. 골반 둘레를 확인하고 정중앙 앞과 뒤를 확인한 뒤 핀으로 움직이지 않게 튜튜에 고정시켜줍니다. 골반 둘레를 따라 바느질로 고정시켜줍니다.

혹시라도 춤을 추다가 찢어지지 않도록 튼튼히 바느질을 해야겠지요. 골반 부분을 동그랗게 고정했다면 이번에는 춤출 때 흔들리지 않도록 뒤 중심 부위(의상을 입을 때 벌어지는 곳)와 튜튜의 중앙을 시침질로 크게 관통시켜 원형으로 튜튜에 고정시킵니다. 마지막은 춤을 출 때 튜튜 끝에서 장식 레이어가 뒤집혀 접히지 않도록 한 땀 한 땀 일정한 간격으로 튜튜의 가장 끝부분에 한 번 더 고정합니다.

이제 상의와 하의가 골반 부분에서 합쳐질 예정입니다. 이 작업이 끝나면 사실 투피스의 의상이 하나의 원피스처럼 보이게 되죠. 서로 맞붙을 곳을 붙인 채 먼저 시침핀으로 촘촘하게 고정시켜줍니다. 골반 둘레를 따라 핀으로 원 모양을 모두 고정했다면 마지막으로 줄자를 사용해 의상의 높이가 원하는 만큼 나왔는지, 좌우 대칭은 잘 맞는지, 겉감과 안감이 울거나 뜨지 않고 잘 고정됐는지 반드시 확인해야 합니다.

합복 과정은 보통 1시간에서 1시간 30분 정도 걸립니다. 중간에 쉼 없이 처음부터 끝까지 한 번에 오롯이 집중해 끝내야 하는 작업입니다. 그리고 의상의 안쪽에 왼손을 넣어 단단히 부여잡고 의상의 겉에서 오른손으로 바늘을 넣어 눈에 보이지 않는 부분을 매우 일정한 간격과 힘으로 당기며 바느질해야 하는 최고 난이도의 작업이기도 합니다. 무엇보다 완벽한 한 벌처럼 보이도록 연결 부위가 매끈하게 완성돼야 합니다. 전문가가 아니면 아무나 할 수 없는 마지막 공정이죠. 이제 드디어 〈파리의 불꽃〉 의상이 완성됐습니다.

10. 장신구 만들기

의상이 예쁘게 완성됐으니 이에 잘 맞는 헤드피스도 만들어야 합니다. 처음에 계획했던 디자인처럼 3색 리본으로 예쁘게 묶어 풀어지지 않도록 바느질로 고정해줍니다. 그리고 그 위에는 무대 위 조명 아래 은은하게 반짝일 수 있도록 보석을 최대한 같은 색상으로 붙여줍니다. 예를 들면 파란 리본에는 파란 크리스털, 빨간 리본에는 빨간 크리스털 같은 방식으로요. 이렇게 톤 온 톤으로 장식하면 고급스러우면서도 과하지 않게 무대 위에서 매우 반짝이는 효과를 얻을 수 있습니다. 비록 한 가지 색상으로 모두 장식할 때보다 시간과 정성이 배로 걸리지만요. 특히 〈파리의 불꽃〉 같은 작품에서는 극의 캐릭터가 공주나 귀족이 아니라 농민이니 아주 화려한 장식을 하는 것이 어울리지 않는다는 것을 한 번쯤 더 생각을 해야겠지요? 매우 소박하고 하얀 작은 꽃송이들로 총 길이 7~8센티미터의 길쭉한 머리 꽃 장식을 만듭니다. 반짝이는 스팽글이나 보석이 들어가도 좋고요.

우리가 만든 의상은 공연이나 갈라 콘서트가 아닌 콩쿠르에서 입을 의상이라는 것을 잊지 말아야 합니다. 과하지 않다면 적당한 장식이 무용수의 춤을 좀 더 돋보이게 해주는 훌륭한 장치가 될 수 있습니다. 이제 정말 끝났습니다. 고객님에게 잘 전달해드릴 일만 남았네요.

11. 완성 및 피팅

오늘은 고객님이 제작소를 방문해 의상을 직접 입어보고 잘 맞는지를 확인하는 날입니다. 발레 동작을 할 때 불편한 곳은 없는지, 장식들이 과하지는 않은지 등을 확인할 예정입니다.

"안녕하세요? 그동안 잘 지내셨나요? 의상이 어떤 모습으로 완성됐는지 궁금하셨죠? 한번 입어보시겠어요? 타이즈 먼저 입고 의상 착용한 뒤에 저를 불러주세요. 제가 의상을 입혀드리면서 설명하고 잘 맞는지 확인하겠습니다. 우선 의상 안쪽 허리끈을 확인하겠습니다. 사이즈 측정할 때 확인했던 허리의 가장 잘록한 부분에 채우겠습니다. 튜튜를 입으신 후 엉덩이 쪽에 손을 넣어 쓸듯이 아래로 당겨주세요. 엉덩이가 충분히 덮인 것을 확인하고 엉덩이 부분 후크, 골반의 후크, 허리띠의 후크를 아래부터 차례대로 채우겠습니다. 잘 맞네요. 이번에는 허리띠를 잠그고 의상의 아래부터 등 위까지 차례대로 후크를 채우겠습니다. 그리고 앞에서 의상의 매무새를 확인한 뒤 보디스 뒤의 끈을 잡아당겨 부드럽게 묶고 남은 끈은 의상 안으로 넣어줍니다.

정말 예쁘게 잘 맞는 것 같아요. 가봉 때보다는 조금 꽉 끼는 느낌이 드시죠? 한두 번 입고 연습하면 의상은 금방 여유가 생기고 늘어날 겁니다. 자주 입고 연습할수록 의상이 내게 착 감기는 것 같은 느낌을 받을 거예요. 좌우로 흔들어보시겠어요? 골반 부분이 몸과 밀착돼 함께 움직이죠? 네, 좋네요. 머리 장식 위치와 착용법을 설명해드릴게요. 거울 앞에 서보세요. 여기 이 위치에 고정하면 예쁘겠네요. 다리도 들어보시고 움직여보세요. 깡브레도 해보시고요. 불편한 곳은 없으신가요? 편안하다면 의상 후크 풀어드릴 테니 옷 갈아입고 나오세요. 제가 보관법과 관리하는 방법에 대해 설명해드리겠습니다. 혹시 궁금한 게 더 있거나 입고 연습하다가 불편한 곳이 있으시면 언제든 편하게 연락 주세요. 좋은 소식 기다리겠습니다. 예쁘게 입으세요!"

12. 마무리 작업

이제 튜튜 제작의 모든 과정을 마친 셈입니다. 하지만 의상을 납품해도 튜튜 제작소의 업무는 끝나지 않습니다. 발레 의상이기 때문에 언제든 크고 작은 수선을 해야 할 수 있습니다. 고객님이 의상을 가지고 간 뒤에는 의상 패턴을 정리하고 사이즈와 디자인을 기록합니다. 남은 원단은 필요한 만큼 일정량 따로 보관해야 하고요. 흔한 원단이야 상관없지만 제작한 원단이나 수입 원단, 특수 원단 등은 동일한 원단이 없으면 고객님이 의상을 다시 가지고 오셔서 수선할 때 난감한 경우가 생기거든요. 이렇게 정리까지 모두 마치고 나면 하염없이 좋은 소식이 오기만을 기다립니다. 불편한 곳은 없었을까? 예쁘다는 말은 많이 들었을까? 좋은 성과가 있을까? 의상에 문제는 없었겠지?

저와 함께 살펴본 튜튜 제작소의 튜튜 제작 과정이 어떠했을지 궁금하네요. 함께해주셔서 기쁩니다. 다음엔 다른 의상으로 만나요!

EPISODE 2
튜튜 더 비기닝

볼쇼이 극장 제작소 방문기! 사실은 면접기!

열심히 발레 의상을 배우며 이제 갓 튜튜를 마스터한 제게 선생님께서 어느 날 굉장히 조심스럽게 물어보셨어요.

"한아! 너 취직할래?"

"네? 제가요? 어떻게요? 전 이제 겨우 선생님께 클래식 튜튜를 배웠는걸요. 제 러시아어 실력으로 직장에 다닐 수 있을까요?"

"괜찮아. 만약 가능하다면 넌 거기서 아무 말 않고 튜튜만 만들어야 해."

저는 속으로 생각했어요. '대체 어딘데 주야장천 튜튜만 만든다는 거지?' 그러자 선생님께서 말씀을 이어갔어요.

"사실 일은 힘들 텐데 월급이 너무 적어서 어떨지 모르겠어. 그리고 네가 외국인이라… 또 언젠가는 넌 한국에 돌아가야 할 텐데 이 일이 필요하지 않을까?"

"선생님, 월급이야 뭐(속으로는 설마 밥값은 주겠지 하고 생각하며)… 그런데 어디인데 그러세요?"

"음… 볼쇼이 극장에서 연락이 왔어."

꺄~악! 볼쇼이 극장이라니요. 갑자기 제 심장이 쿵쾅쿵쾅 두근거리며 요동치기 시작했어요.

"사람이 필요하다고 연락이 왔는데, 한아야. 튜튜 만드는 사람이 필요하다고 해. 넌 어떻게 생각하니?"

저는 떨려서 주체할 수 없을 만큼 이미 흥분한 상태였어요.

"어… 음… 볼쇼이 극장이라면 당연히 영광인데… 그런데 가능할까요? 그리고 그럼 전 선생님께 언제 올 수 있죠?"

지금 생각해보면 면접도 보기 전에 김칫국부터 마시고 있었네요. 어쨌든 다시 선생님께서 말씀하셨어요.

"혹시 극장에 들어가게 되면 정말 맡은 그 일만 해야 해. 여기저기 기웃거리지 말고. 함부로 말해서도 안 돼. 볼쇼이 극장에서 일하는 마스터들은 모두 각자의 영역이 있고 담당한 일만 한단다. 월급은 300달러 정도야."

'헉. 겨우 300달러(당시는 2007년이었고, 제가 살고 있는 러시아 아파트의 월세가 650달러 정도였는데 말이죠…). 먹고살기도 힘든 그 돈을 받고 마스터들이 일한다고?'

그렇습니다. 러시아 볼쇼이 극장은 아티스트의 몸값은 매우 높은 수준이지만, 일반적인 노동자의 월급과 볼쇼이 극장 내 직원들의 임금 수준은 매우 낮았어요. 볼쇼이 극장에서 일을 할 수 있다는 것도 놀라웠지만 임금 수준을 듣고는 더 놀랐습니다. 하지만 욕심이 나는 것을 어쩌겠어요. '그래. 볼쇼이 극장에서 일하면 나에게 굉장한 경력도 되고 한국으로 돌아가도 부모님이 자랑스러워하시겠지?'라고 생각하며 잠시 망설이다 선생님께 말씀드렸습니다.

"선생님께서 허락하신다면 면접을 보고 싶어요!"

며칠 후 정말 거짓말처럼 면접을 보러 오라는 연락을 받았고 선생님께 몇 가지 주의사항을 듣고 면접 준비에 매진했습니다.

면접 준비는 당연히 튜튜를 만드는 사람으로서 제가 만든 튜튜를 준비하는 것과 튜튜 패턴을 바로 그 자리에서 만들 수 있도록 연습하는 일, 그리고 러시아어였습니다. 면접 당일에는 정말 두근두근 하는 심장 소리가 밖으로 다 들릴 정도로 벌벌 떨었습니다. 지금 생각하면 조금 웃긴데 그때는 정말 심각했거든요. 다행히 외국인인 저를 위해 선생님께서 직접 동행해주셨고 볼쇼이 극장과는 조금 떨어진 위치에 있는 극장의 박물관이자 창고, 갖가지 의상과 소품을 제작하는 제작소로 이동했습니다.

볼쇼이 극장의 의상 제작소 안은 그야말로 흥미진진했습니다. 남자 의상 제작소, 여자 의상 제작소, 남자 의상 장식, 여자 의상 장식, 토슈즈 만드는 방까지 각각 나뉘어 있었어요. 눈을 어디에 둬야 할지 모를 만큼 대단한 하루, 평생 잊을 수 없던 날이었습니다. 러시아 유학 시절 가장 큰 소원이었던 극장의 의상 제작소에 들어가보는 바람이 이루어지는 순간이었죠.

길고 어두운 통로를 지나 미로 같은 길을 빠른 걸음으로 총총총 걸어갔습니다. 제 손에는 새 하얀 튜튜를 고이 접어 넣은 가방이 들려 있었고, 저는 어리둥절해하며 여기저기 살펴보느라 정신없었던 20대 중반의 철없는 여자아이에 불과했습니다. 한껏 긴장한 제가 제작소 어느 방에서 기다리고 있을 때 금발의 한 중년 여인이 방으로 들어왔습니다. 이윽고 질문을 폭풍처럼 쏟아냈죠.

"너 이름이 뭐니? 몇 살이니? 러시아어는 할 줄 아니? 튜튜 만들 줄 알아?"

저는 질문에 조용히 답하고 튜튜를 꺼내 보여드렸어요.

"너 튜튜 어디서 배웠어?"

그녀의 뉘앙스가 달라졌습니다.

"진짜 네가 만든 거야? 누가 네 스승이야? 얼마나 배웠어?"

윽! 저는 더욱더 긴장해 얼어붙고 말았어요.

"패턴도 그릴 줄 아니? 러시아에 이걸 배우러 왔다고?"

그러더니 그녀는 결정적인 한마디를 던졌습니다.

"그리쉬코에서도 일할 수 있을 텐데 여기로 왜 왔어? 너 원하는 게 도대체 뭐야?"

차갑게 또 빠르게 이어지는 그녀의 질문에 똑똑히 대답할 수 없었던 저는 그 순간 깨달았습니다. '아…, 여기서 일할 수는 없겠구나…, 그저 내가 궁금해서 한번 부른 거였구나.' 하지만 저는 마지막으로 제 의사를 분명히 전달했습니다.

"그리쉬코에서 일하고 싶은 게 아니에요. 러시아에 진짜 발레 의상을 배우러 왔거든요."

며칠 후 선생님을 통해 면접의 결과를 알게 되었습니다. 모두 예상하는 것처럼 결과는 당연히 탈락! 그런데 희망적인 반전의 결과가 있었습니다. 우선 제 면접을 봤던 볼쇼이 극장 제작소의 마스터가 제가 만든 튜튜를 보더니 너무 놀라며 스승이 누구인지 다그쳐 물었다는 사실과 진짜 제가 만든 거냐고 몇 번을 되물었다는 사실, 그리고 비자를 해결해오면 일할 수 있게 해주겠다는 답변.

여기까지 들으면 너무 환상적이죠? 그러나 현실적으로 제가 유학했던 당시 러시아는 반드시 비자가 필요했습니다. 저로서는 볼쇼이 극장에 취직을 하면 당연히 극장에서 취업 비자를 발급

해주는 것으로 알고 있었거든요. 그런데 저에게 비자를 해결해 오라니 좀처럼 이해하기 힘들었죠. 설명에 따르면 볼쇼이 극장은 외국인 아티스트를 위해 비자를 발급하고 체류를 허용한 선례는 있었지만 제작소의 직원이나 외국인을 위해 취업 비자를 내준 적이 없다고 합니다. 하긴 극장 입장에서 보면 러시아에도 일할 사람이 널려 있는데 튜튜 만드는 사람 하나 때문에 번거로운 절차와 유례없는 과정을 밟으려고 할 이유가 없죠. 제가 얼마나 대단한 사람이라고 외국인을 채용하기 위해서 말이에요.

결국 저는 월급이 적은 것은 상관없지만 극장에서 비자를 해결해주지 않고 또 다른 곳에서 돈을 주고 산 비자로는 일하고 싶지 않다는 뜻을 전했습니다. 그리고 극장으로부터 아쉽지만 함께할 수 없다는 답을 받았습니다. 하… 이것이 바로 꿈만 같았던 저의 볼쇼이 극장 면접기입니다. 다시 돌아가도 저는 같은 선택을 했을까요? 무엇보다 이런 기회를 주신 우리 선생님이 너무나 보고 싶고 감사할 따름입니다.

저는 늘 생각합니다. 선생님의 사랑이 다 했다고요. 그녀의 큰 사랑으로 러시아 유학 이후 저는 완전히 다른 인생을 살고 있고 누군가에게 미소지어줄 여유를 가지게 되었다고요. 언젠가 한국으로 돌아갈 제자가 자신보다 훨씬 더 큰 곳에서 경력을 쌓기 원했던 선생님. 사랑합니다.

제4장

발레 의상에 관한 궁금증

의상을 만들다 보면 튜튜에 대해 정말 수많은 질문들을 받게 됩니다. 그중에서 가장 빈번한 질문을 모아 정리해봤습니다.

Q1. 튜튜는 어떤 재료로 만들어요?

튜튜 하면 가장 먼저 떠오르는 재료는 망사(tulle)입니다. 하늘거리고 부드러우면서도 여성스럽고 여리여리한 느낌을 주는 망사. 이처럼 튜튜에는 여러 가지 수식어가 따라오는데요. 튜튜의 실루엣과 비주얼을 책임지는 핵심 소재가 바로 망사입니다. 망사는 생각보다 다양한 색상, 종류와 강도로 나뉘어요. 튜튜의 종류와 실루엣에 따라 적절하게 필요한 망사를 써야 하죠. 예를 들면 수평으로 서야 하는 클래식 튜튜는 빳빳하고 단단한 강도의 망사를 겹겹이 쌓아 만들고, 하늘거리는 로맨틱 튜튜는 클래식 튜튜보다 비교적 부드러운 망사를 사용합니다. 튜튜 밑에 붙는 팬티 부분 망사는 어떨까요? 피부와 가장 밀접하게 닿는 곳이다 보니 아무래도 가장 부드럽고 신축성까지 있는 망사라면 더욱 좋겠지요? 이처럼 기능과 표현하고자 하는 튜튜의 모습에 따라 다양한 망사를 적절히 섞어 사용해야 합니다.

튜튜의 비주얼을 책임지는 상의 보디스에도 다양한 소재를 사용합니다. 주로 유럽에서는 실크나 자카드(Jacquard)처럼 매우 비싸고 고급스러운 직물을 사용해요. 반면 러시아에서는 주로 무용수의 움직임을 고려해 신축성이 매우 좋은 라이크라(Lycra)나 스판덱스(Spandex)같은 폴리우레탄[1] 소재를 사용하고 있지요.

튜튜의 장식으로는 금, 은사로 짠 브레이드[2](Braid), 다양한 소재의 레이스, 버튼 등으로 트리밍[3](trimming)을 합니다. 아름다운 문양 위에 구슬이나 비즈, 반짝이는 크리스털, 스팽글 등을 달아 주로 장식합니다.

---

[1] 패션에서 주로 사용하는 용어로 신축성과 탄성 회복력이 매우 높아 주로 다양한 운동복에 사용되고 있다. '라이크라 = 스판 = 스판덱스 = 폴리우레탄'은 제조사와 브랜드의 차이일 뿐, 같은 계열의 원단이라 볼 수 있다.

[2] 땋거나 끈 줄 장식

[3] '의복을 장식하다, 다듬다'라는 뜻으로 주로 패션에서 마지막으로 의복을 손질 혹은 장식하는 단계에서 부분적으로 붙이는 장식을 일컫는 말이다. 브로치처럼 탈부착이 가능한 형태가 아닌 의복 자체에 붙이고 꿰매 마무리하는 장식이다.

Q2. 튜튜는 도대체 몇 겹이고 한 개를 만드는 데 얼마나 많은 양의 망사가 필요한가요?

이 질문을 받으니 기억나는 에피소드가 있네요. 러시아 유학 시절 볼쇼이 발레단의 전설적인 발레리노 유리 바쉬첸코(Yuri Vasyuchenko)를 만난 적이 있어요. 제 소개를 하고 선생님께 발레 의상을 배우고 있다고 말씀드렸더니 대뜸 "너 튜튜가 몇 미터로 이루어져 있는지 아니?"라고 물으셨어요. 그래서 머뭇머뭇 "음… 그건…" 하고 대답을 못 하고 망설이자 "그것도 모르면서 어떻게 만들 거니?" 하는 것이 아니겠어요? 저는 난감해서 어쩔 줄 몰라 하고 있었고, 그런 저의 표정을 보시더니 막 웃으셨죠. 그래서 제가 "선생님은 그런 것도 아세요? 어떻게 아셨어요? 몇 미터가 필요한가요?"라며 질문을 쏟아부었습니다. 그러자 그토록 멋지고 자상한 전설적인 발레리노가 인자한 미소를 지으며 "적어도 러시아 튜튜에는 평균 15~18미터의 망사가 필요하지. 그 정도는 알아야지!" 하더군요. 그러고는 또 질문을 하는 것이 아니겠어요?

"그러면 너 튜튜가 몇 겹인지는 알고?"
"네! 그건 알아요! 지금 배우고 있거든요!"

나중에야 알았지만 제가 만난 러시아의 무용수들 대부분이 알고 있는 내용이었어요. 그들에겐 춤을 출 때 입는 의상도 발레의 일부이니까요. 발레 의상의 중요성과 함께 의상의 역사와 지식도 배운다는 걸 알았을 때 너무나 부러워 질투가 날 정도였습니다. 발레 학교에서 그런 것까지 배울 줄은 몰랐어요. 그래서 전 세계가 러시아 발레를 사랑하는 것인지, 아니면 발레를 사랑하기 때문에 그런 것까지 모두 알고 있는 것인지 깊게 생각해보기도 했습니다.

결론을 말씀드리면, 우리가 일반적으로 알고 있는 클래식 튜튜의 경우 평균 8~12겹, 로맨틱 튜튜의 경우 평균 4~6겹으로 이뤄져 있습니다. 튜튜에 대해 더욱 자세히 알고 싶다면 1장(17페이지)에서 튜튜의 종류에 대해 다시 살펴보길 바랍니다.

Q3. 튜튜는 망사로 만드는데, 망사가 없던 시절에는 무엇으로 만들었나요?

현재 우리가 흔히 알고 있고, 주로 사용하는 망사들은 나일론이나 폴리에스테르 소재예요. 모두 20세기에 나온 발명품들이죠. 그런데 여러분도 알다시피 튜튜는 19세기부터 입어왔죠. 그럼 지금과 같은 합성섬유 망사가 없던 시절에는 무엇으로 만들었을까요? 저는 러시아 유학 시절 선생님께 구 소련 혹은 그 이전에는 망사 대신 거즈에 풀을 먹여 튜튜를 만들었다는 이야기를 들었어요. 와… 거즈라니…. 그 말을 듣자 왠지 가능할 것 같다는 생각이 들면서 저의 호기심을 자극했습니다. 기록들을 살펴보니 18세기로 넘어오면서 당시까지 인도에서만 구할 수 있었던 매우 가벼운 천연섬유의 원단을 아메리카 대륙에서 재배하기 시작했다고 해요. 그리고 영국에서 원단을 가져다가 면 소재의 모슬린과 거즈로 직조해 튜튜를 만들었다고 합니다.

또 18세기에는 프랑스의 튈이라는 지역에서 실크나 면처럼 천연섬유로 만든 망사들을 생산했다고 해요. 자연스럽게 프랑스 파리에서 가장 먼저 망사 소재로 의상을 만들기 시작했고 이윽고 온 유럽으로 퍼지기 시작했죠. 그러나 망사는 고가의 소재인 데다 단점도 많았어요. 당시 극장의 조명인 촛불이나 가스등의 불이 의상에 옮겨 붙어 끔찍한 사고로 이어지기도 했지요.

19세기 이전까지는 손으로 레이스 망사를 만들었다면, 19세기로 넘어오면서 보비넷[4](bobbinet)이라는 직조 기계의 발명으로 좀 더 쉽게 얇은 명주 그물을 얻을 수 있게 됐습니다. 모슬린, 거즈, 얇은 명주그물에 옥수수나 밀에서 추출한 전분으로 풀을 먹여 빳빳하게 굳힌 후 층층이 레이어드시켜 튜튜를 만들었다고 전해집니다. 그러다 보니 시간이 지날수록 튜튜가 서로 달라붙거나 뭉치기도 하고 심지어 부스러지기도 했어요.

19세기 말부터 20세기 초에 안나 파블로바는 자신의 튜튜를 만들기 위해 매년 수천 야드의 탈러턴을 미국에서 수입했다는 기록도 있습니다. 전 세계가 전쟁으로 한창이던 20세기 초 중반, 면 소재의 원단을 구하기란 하늘의 별 따기만큼 힘든 일이었다고 해요. 전쟁 중 발생한 수많은 부상자들의 치료를 위해 면과 거즈, 붕대가 사용되다 보니 그리 귀한 면과 거즈를 어떻게 튜튜에 사용할 수 있었겠어요? 그래서 당시 유럽에선 약국을 돌아다니며 거즈를 예약하거나 구하는 발레리나 극장의 관계자를 쉽게 볼 수 있었다는 이야기도 전해집니다.

---

4   보비넷은 손으로 짜던 보빈 레이스를 기계화시켜 만든 직물로 보비넷 기계가 발명된 이후, 영국에서 만들어진 특정 유형의 얇은 명주 그물이다.

아무튼 20세기의 위대한 발명품 중 하나인 나일론이 개발되면서 나일론 망사가 탄생하게 되고 나일론의 단점을 보완한 폴리에스테르 망사까지 등장하면서 튜튜를 만들기는 좀 더 쉬워졌습니다. 21세기 현재는 망사가 없어 튜튜를 못 만드는 일은 일어나지 않겠죠?

Q4. 튜튜는 보통 어떻게 장식을 하나요?

튜튜를 장식하는 방법은 정말 다양합니다. 제가 받은 질문 중 튜튜 장식에 관한 것이 단연 압도적입니다. 어떻게 장식을 해야 하는지, 어떤 재료를 써야 하는지, 재료는 어디서 구입해야 하는지 등에 관한 것이죠. 튜튜를 만들어보고는 싶은데 장식 과정에서 다들 난관에 부딪히더군요. 제가 지금부터 알려드릴 방법을 한번 시도해보세요. 방법만 알면 여러분도 좀 더 쉽게 튜튜를 만들어볼 수 있어요. 물론 디자인에 따라 전부 다르겠지만 그래도 제가 정리한 튜튜 장식에는 간단한 패턴이 몇 가지 있습니다.

❶ 튜튜의 구역을 나눠 장식하는 방법

가장 일반적인 방법 중 하나입니다. 그림처럼 튜튜 안에서 구역을 나눠 튜튜의 중앙 부분에만 집중적으로 장식을 하거나, 튜튜의 끝 부분에만 장식을 하는 방법이에요. 튜튜의 구역을 중앙 원과 끝 원, 좌우, 앞뒤로 구역을 나누고 그 위에 꽃, 원형, 별, 다각형 등 다양한 모양으로 좌우 대칭이 되도록 장식합니다.

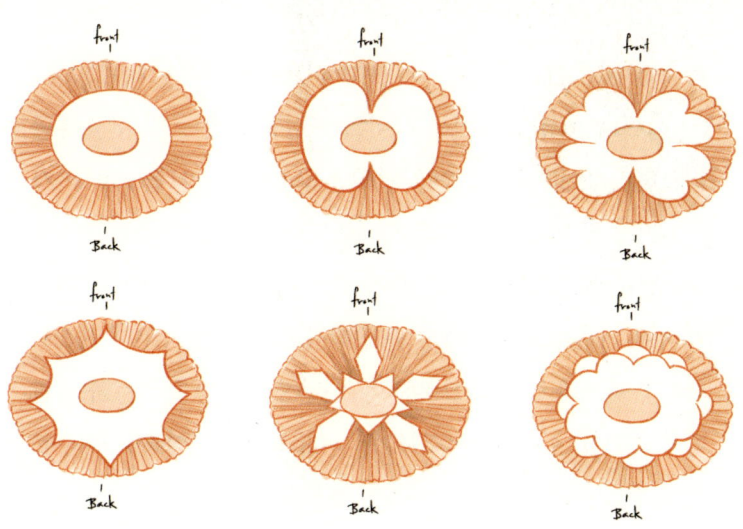

❷ 원단을 이용해 쌓듯이 덧붙여 장식하는 방법

 이어서 튜튜의 장식들을 한번 보세요. 여러 가지 원단을 오리고 붙인 후 레이스나 브레이드를 얹어 튜튜를 장식했어요. 마치 겹겹이 쌓아 올리듯 말이죠. 그런 다음 스팽글과 비즈 같은 보석을 그 위에 달았습니다. 아! 이 방법에서 중요한 특징은 주로 보디스에 사용한 원단을 튜튜에도 넣어 장식한다는 것입니다. 동일한 소재를 사용하면 저 멀리 객석에서 봤을 때 자연스럽게 연결돼 보인다는 장점이 있습니다.

❸ 문양을 그려 자수 레이스나 아플리케로 장식하는 방법

실제로 튜튜에 장식될 사이즈로 실물 도안을 그려 튜튜를 장식하는 방법이에요. 그림 속 의상처럼 주로 문양을 그리고 자수 레이스를 만들어 튜튜를 장식합니다. 그 위에는 스팽글과 크리스털을 올려 반짝이도록 장식하죠. 이렇게 장식을 하면 의상이 매우 가벼워집니다. 가장 큰 장점입니다. 또 같은 문양을 그리더라도 자수를 놓지 않고 원단을 오려 붙여 문양을 완성하는 방법도 있어요. 아플리케라고도 합니다. 동일한 도안으로 자수를 놓을 수도 있고 원단을 오려 붙일 수도 있습니다.

Q5. 〈지젤〉은 파란색 로맨틱 튜튜만 입어야 하나요?

결론부터 말하자면 "아니요!"입니다. 하지만 블루 계열의 보디스에 흰색이나 푸른빛 스커트를 입은 모습이 오랫동안 사랑받은 지젤의 가장 상징적인 의상 디자인임에는 틀림없어요. 그러나 현재는 다양한 모습으로 표현되고 있습니다. 예를 들어 〈지젤〉이 초연될 당시에는 적갈색의 보디스에 노란 실크로 덮인 로맨틱 스커트를 입었습니다. 현재 마린스키 극장은 핑크 계열의 보디스

에 흰색의 로맨틱 스커트를 입고 있습니다. 볼쇼이 극장은 버전에 따라 와인색 보디스에 노란 로맨틱 튀튀를 입기도 하고요. 최근에는 짙은 네이비 컬러의 보디스에 옅은 하늘색 실크 스커트를 입기도 합니다. 영국 로열 발레단의 〈지젤〉에서는 베이지와 브라운 계열의 의상을 입고 춤을 춥니다.

의상의 색이 반드시 하나로 고정돼 있다기보다 자신에게 어울리는 컬러를 선택하는 게 더 중요하다고 생각해요. 물론 전막 공연의 경우에는 생각해야 할 것이 너무나 많습니다. 하지만 콩쿠르용 의상을 위해 디자인을 골라야 한다면 조금 더 무용수에게 편안하고 어울리는 디자인이어야 한다고 생각합니다. 그러나! 중요한 게 한 가지 있어요. 만약 여러분이 국제 콩쿠르에 나가기 위해 의상을 선택해야 한다면 어떤 버전의 안무인지에 따라 의상이 달라질 수 있습니다. 예를 들어 볼쇼이 발레단의 유리 그리고로비치(Yury Nikolayevich Grigorovich) 버전으로 안무를 정했다면 그 버전의 〈지젤〉에서 입었던 의상을 입는 것이 예의일 수 있습니다.

러시아 유학 시절 모스크바 국제 콩쿠르, 크고 작은 공연, 시험 등에 참가하는 많은 학생들이 저희 선생님께 의상을 맞추러 오곤 했는데요. 항상 사이즈를 재고 이야기를 나누면서 어떤 작품인지 누구의 버전인지에 대해 꼭 이야기를 하더라고요. 그게 너무 신기했던 저는 선생님께 여쭤봤습니다. 선생님은 콩쿠르에서 심사위원들이 의상만 보고도 누구의 버전으로 어떤 안무의 순서로 춤을 추는지 알 수 있다고 하시더군요.

예를 들어 〈돈키호테〉 3막 결혼식 장면의 춤에서 키트리가 빨간색 의상을 입고 나오면 모스크바 출신 혹은 볼쇼이 극장 유리 그리고로비치 버전의 안무를, 키트리가 흰색 의상을 입고 나오면 상트페테르부르크 마린스키 극장 버전, 혹은 올레그 비노그라도프(Oleg Vinogradov)의 안무로 춤출 것이라는 사실은 알고 본다는 거예요. 이건 〈호두까기인형〉, 〈지젤〉, 〈잠자는 숲속의 미녀〉도 모두 해당되는 이야기였어요. 이 사실을 처음 알았을 때 너무 충격이었습니다. 이후로도 많은 러시아 선생님들과 국제 콩쿠르 심사위원들에게도 같은 이야기를 들었어요. 안무자에 대한 일종의 예의에 해당한다고요.

그러나 이건 어디까지나 프로 발레리나, 발레리노들이 아닌 발레를 전공하는 학생들에게 해당돼요. 경연을 위한 콩쿠르에서는 괜찮지만 공연에서의 의상 디자인 무단 사용은 안 된다는 뜻이기도 합니다. 어떤 발레 작품들은 의상 디자인에도 저작권이 있어 함부로 사용할 수 없고 콩쿠르에서도 허락 없이 작품을 사용할 수 없어요. 대부분의 클래식 발레 작품은 창작한 지 오래되어 저작권에서 자유롭지만, 20세기 이후의 작품들에는 저작권이 있는 작품이 상당수 있으니 주의해주세요!

Q6. 로맨틱 튜튜에는 왜 사용하지도 않는 앞치마가 있는 거죠?

발레 의상을 만들면서 의외로 이 질문을 참 많이 받아요. 저도 발레 의상에 대해 알기 전에는 그저 의상에 달려 있는 장식 정도로만 생각했어요. 크기도 작아서 앞치마보다는 손수건이 아닐까 하고 생각했던 적도 있었고요. 그런데 의상을 공부하면서 그 이유를 알게 되었습니다. 바로 역할의 상징성 때문입니다.

로맨틱 튜튜를 입는 발레의 주인공을 한번 떠올려볼까요? 지젤, 코펠리아, 리즈. 가장 대표적인 여주인공 3인방이지요? 이 중에서 가장 먼저 만들어진 〈고집쟁이 딸〉에서 힌트를 얻을 수 있어요. 18세기에 만들어진 발레이자 최초로 서민들의 이야기를 발레로 만든 작품입니다. 그전까지는 화려한 궁정 발레뿐이었어요.

귀족들의 복식인 드레스가 주를 이루던 발레에서 서서히 서민들의 이야기를 다루게 되면서 주인공 리즈가 화려한 드레스를 입고 나올 수는 없었을 거예요. 발레리나에게 시골 처녀, 혹은 평범한 여인들이 입었던 복식을 입혀 극의 몰입도를 높인 것이지요. 그리고 당시 여인들이 입는 옷 위에 일할 때 입는 길고 커다란 앞치마를 두르게 한 거예요. 아직도 일부 버전의 발레에서 주인공이 아닌 동네 처녀나 주인공의 엄마 의상에 길고 큰 앞치마가 달려 있는 모습을 쉽게 찾아볼 수 있습니다.

그런데 앞치마가 크면 춤추는 데 거추장스럽고 예쁘지도 않으니 점점 작아지다 못해 손수건만 한 사이즈가 된 것이죠. 급기야 화려한 자수와 레이스 장식들이 붙게 됐습니다. 만약 극 중 발레리나의 신분이 서민이라면 앞치마가 역할의 상징처럼 붙어 있는 것이라고 생각하면 됩니다.

Q7. 키트리는 검정 상의에 빨간 튜튜만 입어야 하나요?

아니요. 그럴 리가요. 지젤 의상과 마찬가지로 키트리 의상은 검정 보디스에 빨간 튜튜, 빨간 보디스에 빨간 튜튜, 검정 보디스에 흰 튜튜, 흰색 보디스에 흰 튜튜로 매우 다양합니다. 파리 오페라 발레단의 키트리는 전혀 다른 색상, 다른 디자인의 의상을 입고 있어요. 역시나 누구의 안무 작품인가도 중요하겠죠.

하지만 스페인 배경의 발레이다 보니 주역인 키트리의 의상은 스페인의 정서가 물씬 풍기는 디자인이 주를 이루고 있습니다. 아! 그리고 키트리 의상의 경우 특히 〈파키타〉 의상을 함께 입는 경우가 많아요. 〈파키타〉 역시 극 중 배경이 19세기 프랑스 점령하의 스페인이기 때문인데요. 키트리의 의상을 〈파키타〉에서 입는다고 해서 틀린 것은 아니지만, 무대 의상의 관점에서 본다면 당연한 것도 아니겠지요. 한 번 더 춤출 작품의 스토리와 역할을 생각해보고 무리가 되지 않는다면 선택은 여러분의 몫입니다.

Q8. 발레 의상에도 유행이 있나요?

네. 있습니다. 패션처럼 매우 빠르고 급격히 변하지는 않지만 분명 발레 의상에도 유행은 있습니다. 무엇을 보고 알 수 있을까요? 20세기 발레 이후 클래식 발레가 완성되고 다양한 레퍼토리들이 공연되고 있습니다. 발레가 많은 사랑을 받을수록 의상에도 크고 작은 변화가 일어나는데요. 예를 들어 발레 의상에서의 유행은 튜튜의 길이가 길어졌다 짧아지거나 혹은 튜튜의 높이가 올라갔다 내려가거나 하는 형태로 나타납니다. 또 완벽히 수평 형태인 튜튜가 일반적이었다가 우산처럼 둥글게 처진 모양의 튜튜가 훨씬 많이 등장하기도 합니다.

실루엣이나 소재가 변하기도 하는데요. 실크나 자카드 같은 소재로 만든 화려하고 장식적인 유럽식 의상이 사랑을 받는 해가 있고 매우 심플한 원단에 다양한 문양의 레이스를 얹어 장식한 가벼운 러시아 스타일이 사랑받는 해도 있습니다.

매년 매 시즌 빠르게 변화하지는 않지만 10년 전의 공연 영상들만 찾아봐도 지금과는 매우 다르다는 것을 금방 느낄 수 있어요. 현재는 전 세계의 발레단들이 유행을 쫓기보다 각자 자신들만의 색깔을 창조하려 노력하고 있습니다. 의상만 봐도 '아! 어느 발레단이구나' 하고 떠올릴 수 있는 스타일을 만들려고 하죠.

튜튜와 유행하는 작품을 가장 먼저 느낄 수 있는 곳은 바로 국제 콩쿠르입니다. 인터넷의 발달과 함께, 전 세계를 휩쓴 코로나 바이러스로 인해 방 안에서 모든 경연을 실시간으로 관람할 수 있게 됐습니다. 규모가 크고 참가국의 수가 많은 콩쿠르일수록 춤 말고도 볼거리가 너무나 많아요. 발레 의상도 그중 하나입니다. 그해에 국제 콩쿠르에서 많이 선택하는 작품에 따라, 참가자들이 입는 의상 스타일에 따라 국내 콩쿠르에서의 작품 선정과 의상 스타일도 영향을 받아 변화하기도 합니다. 한 예로 최근 3~4년간 콩쿠르에서 〈어웨이크닝 오브 플로라〉라는 작품이 정말 많이 등장했어요. 〈파키타〉의 다양한 솔로 바리에이션들은 또 어떻고요. 만약 패셔니스타 인싸 발레리나가 되고 싶다면 콩쿠르와 공연의 모니터링은 필수입니다.

Q9. 튜튜는 어떻게 보관해야 하죠?

많은 분들이 고가의 튜튜를 보관하는 데 어려움을 토로합니다. 형태를 유지하는 것도 어렵고 부피도 커서 자리를 많이 차지하기 때문입니다. 그런데 튜튜는 보관만 잘하면 20년은 끄떡없습니다! 일반적으로 제작자들은 튜튜를 만들 때 보관에도 신경을 써서 만듭니다. 의상의 가격이 워낙 고가인 데다 한두 번만 입을 수 있는 의상은 아니니까요.

극장에서는 보통 팬티 부분이 위로 오도록 튜튜를 뒤집어 거꾸로 매달아 보관합니다. 거꾸로 매달아 중력의 영향을 최대한 덜 받도록 보관하는 것이지요. 군무 의상의 경우 상하의를 분리해 보디스는 보디스대로, 튜튜는 튜튜대로 쌓아서 보관하기도 해요. 튜튜의 특성상 지속적으로 사용하면 중력에 의해 점점 아래로 처지게 됩니다. 대부분의 망사나 실크 소재들은 날씨 같은 환경에 따라 영향을 받기 때문에 극장의 의상실은 대부분 온도와 습도를 조절하도록 설비돼 있습니다.

또 일반적으로 튜튜는 공연 후에 매번 세탁을 하기 힘들어서 일반적으로는 3~4회 착용 후 드라이클리닝을 합니다. 장식이 많은 경우에는 세탁을 최소한으로 제한하고 창고에 보관하기 전에만 드라이클리닝을 합니다. 일부 의상은 공연이 끝나면 직접 손세탁을 하기도 해요. 깨끗하게 세탁한 튜튜 위에 전분이 함유된 스프레이를 뿌려 두기도 합니다. 극장에서는 이렇게 관리하기 때문에 오랜 시간 잘 보존할 수 있지만, 가정에서는 어떻게 해야 할까요?

우선 콩쿠르나 공연에서 의상을 착용했다면 몸에서 나온 땀과 기름, 화장품 등으로 의상이 오염돼 있습니다. 집에 도착하자마자 반드시 땀에 젖은 의상을 의상 가방에서 꺼내어 바짝 말려야 합니다. 오염된 의상을 그대로 방치할 경우 아름다운 의상에서 곰팡이와 냄새가 발생할 수 있어요. 햇빛이 바로 들어오는 곳에 튜튜를 장시간 놔둬도 안 됩니다. 염색된 원단이 탈색·변색되기도 하고 장식의 색상이 달라지기도 하거든요. 통풍이 잘되는 그늘진 곳에서 보송보송하게 말린 후 원형대로 펼쳐서 보관해야 합니다.

예전에는 침대 밑이나 장롱 위가 튜튜의 단골 보관 장소였는데요. 요즘은 대부분 집에 붙박이 장이 있어 더 이상 장롱 위 공간이 없는 것 같아요. 튜튜를 위해 특수 장을 짜 보관한다면 더할 나위 없이 좋겠죠. 그렇게까지는 아니더라도 튜튜를 펼쳐놓고 실리카겔이나 신문지를 함께 깔아 보관하기를 추천합니다. 우리나라는 특히 습도가 높아 장마철만 되면 튜튜가 축 처지게 돼요. 한번 처지기 시작한 튜튜는 원래대로 100퍼센트 복구하기가 힘듭니다. 그래서 가정에서는 습도 관리와 펼쳐서 거꾸로 보관하기를 반드시 지켜야 합니다. 두 가지만 잊지 않고 잘 지켜도 튜튜를 오래도록 깨끗하게 입을 수 있답니다.

간혹 의상이 화장품과 땀으로 너무 심하게 오염됐다면 폼 클렌징을 추천합니다. 단 실크 소재는 절대 안 돼요! 물에 닿으면 의상이 변형되거나 줄어버릴 수 있으니 반드시 원단을 확인하고 사용해주세요. 이 책을 읽는 여러분에게만 알려드리는 꿀팁을 공개합니다. 안감이 있는 의상이라면 우선 폼 클렌징을 콩알만큼 손에 짠 후 물을 묻혀 충분히 거품을 냅니다. 그리고 화장품이 많이 묻은 곳에 거품을 묻혀 부드럽게 문질러주세요. 화장품과 기름때가 스르륵 녹아내리는 걸 확인할 수 있어요. 그다음에는 깨끗한 물로 여러 번 충분히 헹구고 수건으로 톡톡 두드려 물기를 최대한 제거해주세요. 의상이 마를 때까지 깨끗한 키친타올 같은 걸 의상 안쪽에 둬도 좋아요.

클렌징 오일을 솜에 묻혀 비비는 것은 금물입니다. 반드시 거품을 내서 살살 굴리듯이 닦아주세요. 분명 말끔하게 지워질 겁니다. 매번 이렇게 할 필요는 없습니다. 장시간 보관하기 전에 한 번씩 해주면 돼요. 의상의 팬티 부분도 같은 방법으로 세탁해 관리한다면 깨끗한 의상을 오래 유지할 수 있을 뿐만 아니라 기분 좋은 향까지 덤으로 얻을 수 있습니다. 어때요? 여러분도 쉽게 따라 할 수 있겠죠?

Q10. 좋은 발레 의상이란 무엇일까요?

앞의 여러 질문처럼 제가 정말 많이 듣는 질문 중 하나인데요. 우선 제가 생각하는 발레리나의 의상은 일종의 장비입니다. 골프 선수의 골프채처럼 발레리나에게 토슈즈와 의상은 무대 위에 오를 때 착용하는 장비라고 생각합니다. 다른 분야와 마찬가지로 발레 의상에도 종류와 퀄리티, 가격대가 천차만별입니다. 또 단순히 역할을 상징하는 무대 의상을 넘어 발레리나의 춤을 돋보이게 해주고 무용수가 춤을 출 때 움직임을 방해하지 않으며 신체의 장단점을 보완해주기도 합니다. 관객이 무대 위 발레리나에게서 시선을 떼지 못하게 하는 중요한 요소이지요.

기능적이면서 심미성을 갖춰야 하는 특수한 의상인 만큼 만들 수 없으며 의상 디자이너만의 제작 기술과 노하우가 필요해요. 긴 시간 신체를 단련해야 하는 무용수처럼 발레 의상 제작도 하루아침에 이룰 수 없는 작업을 거쳐야 합니다. 긴 시간 공들여 만들어야 하는 의상이에요. 그리고 무엇보다 좋은 발레 의상은 그 옷을 입는 무용수가 마음에 들고 편안해야 합니다. 그것이 바로 제가 생각하는 좋은 발레 의상의 기준입니다. 발레리나 혹은 발레리노가 의상을 입고 편안하게 춤을 출 수 있고 예쁘다면 무엇이 더 필요할까요.

그리고 프로 무용수들은 의상을 평소 많이 입어보기 때문에 의상을 선택하는 데 많은 시간이 걸리지 않습니다. 발레에 이제 막 입문을 했거나 의상을 처음 맞추거나 경험이 적은 분들을 위해 몇 가지 팁을 드릴게요. 의상을 입고 이것만 체크해도 반은 성공입니다!

❶ 보디스의 높이

의상을 입고 거울을 보세요.. 깡브레를 했을 때 의상의 높이가 가슴이 노출될 것처럼 불안하거나 너무 꽉 끼어 불편하지는 않나요? 의상의 후크를 모두 채웠을 때 뒤에서 손가락 하나 정도는 들어갈 수 있어야 몸을 움직일 수 있는 공간이 생겨요. 위아래와 양옆, 네 방향으로 스트레치되는 원단이라면 몸에 꼭 맞아도 무방합니다. 의상의 높이가 충분히 상체를 덮어 불안하지 않고 편안하다면 OK! 그리고 보디스의 허리와 골반 부분은 몸에 꼭 맞아 의상이 흔들리지 않아야 해요. 그래야 무대 위에서 잘록한 허리 라인이 돋보입니다. 턴과 점프 동작 시에도 의상과 몸이 하나처럼 움직여 춤을 방해하지 않아요.

❷ 튜튜의 길이

튜튜의 길이는 유행이나 작품에 따라 길어지기도 짧아지기도 합니다. 프로 무용수에게는 튜튜의 길이가 큰 영향을 주지 않지만, 발레 전공생이나 전문적으로 배우는 사람에게는 튜튜의 길이가 매우 큰 영향을 줍니다. 예를 들어 튜튜의 길이가 지나치게 길다면 무대 위에서 키가 작아보일뿐더러 뽀르 드 브라를 자연스럽고 편하게 할 수 없어요. 빠 드 두의 경우 남녀 무용수가 함께 연습하거나 공연할 때 두 무용수 사이가 필요 이상 벌어지게 돼 안정적인 턴과 리프트를 하기 힘들 수 있어요. 발레리나의 다리가 보이지 않아 자칫하면 부상으로 이어질 수도 있죠.

러시아의 볼쇼이 발레 학교에서는 발레리나가 알 라 스꽁드 동작을 했을 때 골반에서부터 손끝까지 길이의 2/3~3/4을 넘지 않도록 클래식 튜튜를 제작해달라고 요청합니다. 또한 서로 부상 없는 안전한 빠 드 두 연습을 위해 튜튜의 주름은 허리가 아닌 골반에서 시작해야 합니다. 발레리나가 다치지 않게 발레리노가 잡을 수 있는 공간을 만들어주기 위해서죠. 튜튜가 허리 가까이 위에 달릴 경우 발레리노의 손이 발레리나의 허리 위 혹은 갈비뼈 부위까지 올라갈 수 있습니다. 그러면 발레리노는 손가락 부상을 입을 수 있고, 발레리나는 갈비뼈 압박으로 인한 타박상, 골절상을 입을 수 있습니다. 빠 드 두를 고려한다면 더욱더 올바른 튜튜의 선택이 필요합니다.

❸ 골반과 엉덩이

발레 의상을 입어본 분이라면 한 번쯤 엉덩이 사이에 의상이 끼는 불편함을 느끼셨을 거예요. 특히 빠 드 두를 한 뒤라면 더욱더 그렇죠. 무용수들은 한 신을 마치고 무대 뒤로 돌아오면 제일 먼저 옷의 매무새를 고칩니다. 춤을 출 때 흘러내려간 보디스를 양손으로 잡아 끌어올리고, 엉덩이에 낀 의상을 빼서 정리하는 일은 일상이나 마찬가지입니다. 만약 자신의 체형에 잘 맞도록 맞춤 의상을 선택한다면 이런 수고는 조금 덜 수 있습니다. 그래서 눈으로 봤을 때 예쁜 것보다 보디스의 높이가 살짝 높은 것을 선택해야 격렬한 춤을 춰도 불안하거나 흘러내려가지 않습니다.

특히 튜튜의 골반 부분은 발레리나의 몸에 꼭 맞아야 하는 부분 중 하나인데요. 예를 들어 쉐네(chine)나 푸에떼, 그랑 쥬떼나 마네쥬 등의 동작을 할 때 의상이 골반에 딱 맞아야 의상과 무용수의 몸이 하나처럼 움직입니다. 골반 부분이 헐렁하면 빠른 동작 시 혹은 연속 동작에서 몸이 먼저 움직이고 의상이 따라오는 듯한 느낌을 받아 춤에 영향을 줄 수 있어요. 엉덩이 팬티 부분은 조금 여유가 생기더라도 충분히 덮어줘야 합니다. 밑위 길이에는 약간의 여유가 있어야 하고요. 발레 의상을 입을 때 허리와 골반의 사이즈가 꼭 맞고, 밑위 길이에 적당한 여유가 있다면 엉덩이 부분이 끌려 올라가 끼는 빈도가 현저히 줄어들 겁니다.

❹ 발레리노 의상에 관하여

발레리노의 의상은 무엇보다 착용감이 가장 중요해요. 발레리노는 혼자 춤을 추는 시간보다 발레리나와 함께 춤을 춰야 하는 시간이 많습니다. 당연히 의상에 불편함을 느낀다면 수정을 해야겠지요. 만약 의상이 불편하다면 의상을 입고 돌고 뛰는 건 물론, 발레리나를 돌리고, 들고, 내리는 모든 동작에서 마음 놓고 춤에 집중하기 어렵습니다. 제 경험상 발레리나보다 발레리노가 의상에 예민한 경우가 더 많았습니다. 함께 춤을 춰야 하니 당연한 일입니다.

타이츠는 다리를 부드럽게 감싸면서 주름이 없어야 하고 적당한 텐션으로 근육을 받쳐줘야 합니다. 또 춤을 출 때 흘러내려 가지 않도록 만드는 게 가장 중요합니다. 발레리노의 상의는 보통 재킷류가 가장 많습니다. 블라우스와 조끼 형태의 의상은 상대적으로 불편함을 잘 못 느끼지만 재킷류는 너무 꼭 맞거나 커도 불편함을 느낄 수 있습니다.

발레리노는 앙 오(en haut) 동작을 특히 많이 하는 편인데요. 발레 의상은 일반 의복과 달라서 앙 오 동작을 할 때 많은 차이를 느낄 수 있습니다. 일반적인 양복 재킷이나 코트를 입고 앙 오를 하면 어떻게 될까요? 백이면 백 옷의 어깨 부분과 목 뒤, 등 뒤가 함께 따라 올라갈 텐데요. 그러면 발레 의상을 어떻게 만들어야 할까요? 일반 옷처럼 만들면 무대 위에서 춤을 추는 도중에 의상이 배꼽까지 올라가다 못해 갈비뼈를 드러내고 목은 짧아지고 버튼도 턱 밑까지 올라갈 거예요.

발레리노의 상의에서 중요한 부분은 발레리노의 아름다운 등 곡선을 따라 자연스럽게 흐르는 재킷의 라인, 일반인보다 깊은 허리를 강조하고 기다란 목선이 돋보이는 디자인, 적당히 가려주는 골반 라인과 자연스럽게 덮이는 의상의 엉덩이 쪽 뒤 라인입니다. 가늘면서 역삼각형인 발레리노의 아름다운 신체를 자연스럽게 표현할 뿐만 아니라 기능적인 면도 살려야 합니다. 숨이 찰 때 옷이 꽉 끼는지, 팔을 올리는 동작에서 소매가 짧게 딸려 올라가거나 어깨가 함께 들리는지, 의상의 등뒤가 들뜨는지도 체크해야 합니다. 발레리노의 의상을 제작할 때 반드시 고려해야 하는 부분들입니다. 발레리노 여러분! 의상이 불편하다면 참지 말고 수정해서 편안하게 입으세요!

〈라 바야데르〉 감자티 의상
유학 중 첫 작품

OUT

나는 발레 의상 디자이너입니다

'발레 의상에 대해 이야기하라' 하면 시간 가는 줄 모르고 떠들다가 막상 저에 대해 이야기를 하려니 어디서부터 어떻게 써야 할지 모를 정도입니다. 돌이켜보면 한때 발레를 전공했지만 지긋지긋한 부상과 통증, 반복되는 지루한 일상, 끊임없이 춤춰야 하는 자신과의 싸움에 지쳐 발레를 그만뒀는데요. 15년간 매일 발레만 하다가 하루아침에 그만두고는 그 이후로 단 한 번도 슈즈를 신거나 발레번을 하거나 바를 잡지 않았습니다. 길었던 머리카락마저 다음날 싹둑 잘랐을 땐 해방감마저 들 정도였어요. 정말 발레가 징글징글했거든요.

그런 제가 '발레!' 하면 다시 심장이 두근거리고 두 눈이 번쩍 뜨입니다. 도대체 발레에는 어떤 매력이 있기에 지쳐 있던 저를 돌이켜 세우고, 심지어 오매불망 바라만 보며 옷을 지으며 살게 만든 걸까요? 생각해보니 저는 발레라는 연인과 사랑(연애)을 한 것 같습니다. 하하하! 말하면서도 오글거리고 부끄럽지만 고백하자면 서로 너무나 다른 삶을 살았던 발레와 제가 만나 서로를 알게 되면서 다양한 감정을 느꼈던 것 같습니다. 좋았다가 싫었다가 미친 듯 사랑했다가 싸우고 지치기를 반복하고 또 이해한 것 같으면서도 결국 서로 다름을 인정해야만 했던 사이라고나 할까요?

그렇게 발레와의 연애가 지쳐갈 때쯤 그만하면 됐다는 생각이 들었습니다. 나도 할 만큼 했다고 생각됐던 그때, 발레와의 첫 번째 연애를 끝내고 러시아로 떠났습니다. 그런데 러시아에서 저 자신을 돌아보다 여전히 발레에 대한 감정이 남았음을 느끼고 인정할 수밖에 없었습니다. 사진만 봐도, 포스터만 봐도 좋은 걸 어쩌겠어요? 잊으려고 떠난 여행에서 더 깊은 사랑에 빠진 저는 어느 순간, 처음부터 다시 공부해보겠다고, 노력해보겠다며 제 자신에게 속삭이고 있었습니다. 발레가 나를 밀어내도 내가 발레를 더 좋아하는데 어쩌냐면서 체념한 것이죠. 그리고 길고 긴 짝사랑을 다시 시작하게 됐습니다.

다시 돌아와 다른 애들도(연극 의상, 뮤지컬 의상) 만나봤지만 결국 또 네가 아니면 안 되겠다며 우리 다시 시작해보자고 매달리듯 시작한 발레와의 두 번째 연애. 그리고 금세 다시 느껴지는 편안함과 설렘의 감정들. 이젠 너를 잘 안다고 혼자 착각하며 시시각각 변하는 애인에게 '꺄~! 넌 너무 매력적이라니까?'하고 인정하고서 내려놓으니 마음이 편안합니다. 좋든 싫든 이제는 평생을 함께해야 하는 사이가 됐습니다. 그렇게 저는 발레 의상과 12년간 변함없이 장기간 연애 중입니다. 발레와의 연애를 말로, 글로, 몸으로 배웠다고 해야 할까요.

네! 저는 발레 의상 디자이너입니다. 2005년 러시아 모스크바 국제 콩쿠르에서 본 의상이 운명적이었습니다. 그 발레 의상을 보고 한눈에 반해버린 저는 반드시 발레 의상을 제대로 배워 가리라 다짐했고 그곳에 남기로 했습니다. 감사하게도 제게 기회가 주어졌고 모스크바에서 러시아 전통 기법의 튜튜 제작 기술을 배우고 2009년 한국으로 돌아왔습니다. 곧바로 대학원에 입학해 부족한 지식을 채우며 무대 의상에 대해 더 깊게 공부를 시작했지요. 지금도 앞으로도 발레는 계속 진화하고 변화할 테니 저는 그를 이해하기 위해 끊임없이 공부하고 노력할 거예요.

이 책을 쓰면서 공부한 모든 시간은 여러분들과 발레 의상에 대해 끊임없이 소통하고 싶어 준비한 시간이었습니다. 발레와 튜튜를 사랑하는 마음으로 긴 글을 끝까지 읽어준 여러분에게 감사드립니다. 끝으로 이런 저를 토닥거리며 이 자리까지 올 수 있도록 믿고 지원해준 가족과 도움을 주신 많은 분들이 있기에 그 긴 시간 동안 발레를 사랑하며 지낼 수 있었습니다.

특히 러시아에서 만난 스승님 덕분에 몸도 마음도 부족했던 제가 제2의 인생을 살고 있습니다. 발레 의상 디자이너가 되기까지 거쳐왔던 모든 순간에 그분이 계셨더군요. 제 발레 인생은 정말 그녀를 만나기 전과 후로 나뉩니다. 그녀가 제게 주었던 아낌없는 사랑 덕분에 저는 이전과는 다른 행복한 삶을 살고 있습니다. 저와 평생을 함께할 자매 안야와 가족, 자신의 모든 걸 주고 가신 선생님, 진심으로 사랑하고 존경합니다. 부디 하늘에서도 늘 부족한 이 제자를 지켜봐주시고 평안히 쉬시길 진심으로 기도합니다.

2022년 1월 정한아 드림.

**〈백조의 호수〉 지그프리드 의상
벨루베코바 나탈리아 아르카제브나**
러시아에 남게 한 운명의 의상

그림 출처 및 참고문헌

참고문헌

이영숙, 《발레와 복식문화사》, 형설출판사, 2001

이희현, 15세기-19세기 발레의상, 한국의상디자인학회지, 2010

신상옥, 《서양복식사》, 수학사, 2016

정한아, 《발레의상 'TUTU'의 제작기법에 관한 연구》, 상명대학교, 2013

Victoria Looseleaf, *The story of the Tutu*, DANCE magazine, 2007

Sarah Maisey, *The complete history of the tutu*, The national news, 2018

Caroline Hamailton, *A Brief History of Tutus, From the Romantic Era to Today*, POINTE, 2020

위키피디아, 베아트릭스 포터 이야기, 크리스틴 에드자드

그림 출처

제1장 튜튜란 무엇인가?

발레리나의 의상 — 이린, 이희재 작화

발레리노의 의상 — 이린, 이희재 작화

제2장 발레 의상은 어떻게 변화했을까?

16세기 | 궁정 발레 시기

카트린 드 메디치의 초상, 회화, 16세기, Wikimedia.org, 공개 도메인

들라로슈, 〈왕비의 발레 코미크〉 방 안의 모습, 16세기, 프랑스 국립 도서관, 파리

작자미상, 〈앙리 3세의 무도회장〉, 16세기 후반, 루브르 박물관, 파리

17세기 | 무대 의상의 등장

앙리 지제이, 〈그랑 카루젤〉, 1670, 프랑스 국립 도서관, 파리

를루아르, 모리셔스, 구스타프 투두즈, 〈태양왕〉, 1917, 프랑스 국립 도서관, 파리

장 베렝, 〈사랑의 승리〉 중 인도 의상, 17세기, 프랑스 국립 도서관, 파리

(좌) 장 베렝, 건축가의 의상, 18세기, 프랑스 국립 도서관, 파리
(우) 장 베렝, 음악가의 의상, 18세기, 프랑스 국립 도서관, 파리
앙리 지제이, 〈1653년 궁정에서 공연한 '밤의 발레'〉, 17세기, 프랑스 국립 도서관, 파리

18세기 | 발레 의상의 르네상스
빠니에, 18세기, 빅토리아 앤 알버트 뮤지엄, 런던
클로드 질로, 〈하루의 습관〉, 18세기, 프랑스 국립 도서관, 파리
클로드 질로, 〈시간의 습관〉, 18세기, 프랑스 국립 도서관, 파리
클로드 질로, 〈밤의 습관〉, 18세기, 프랑스 국립 도서관, 파리
장 밥티스트 마르틴, 미확인 공연의 의상디자인, 18세기, 프랑스 국립 도서관, 파리
장 밥티스트 마르틴, 미확인 공연의 의상디자인, 18세기, 프랑스 국립 도서관, 파리
루이 르네 부케, 〈베스트리스씨의 기쁨〉, 18세기, 프랑스 국립 도서관, 파리
루이 르네 부케, 미확인 공연의 의상디자인, 18세기, 프랑스 국립 도서관, 파리
마리, 아드리안, 발레 〈고집쟁이 딸〉 1막의 한 장면, 1886, 프랑스 국립 도서관, 파리

19세기 | 낭만 발레 의상
마리 탈리오니의 실피드 역할, 1832-1845 추정, 프랑스 국립 도서관, 파리
마질리에 조셉, 〈해적〉, 프랑스 국립 도서관, 파리
알렉상드르 라코치, 〈해적〉 메도라 역의 마담 로사티, 1856, 프랑스 국립 도서관, 파리
알렉상드르 라코치, 〈해적〉 콘라드의 역의 세가렐리, 1856, 프랑스 국립 도서관, 파리

20세기 | 고전주의 발레 의상
폴 푸아레, 팬시 드레스, 1911, 메트로폴리탄 박물관, 뉴욕
발레 뤼스, 1920년 12월 공식 프로그램, 1920, 프랑스 국립 도서관, 파리
런던박물관, 안나 파블로바의 의상 복원, 2021, BBC, 런던

21세기 | 발레 의상의 진화
코코 샤넬, 〈르 트랭 블루〉 무대 의상, 1924, 빅토리아 앤 알버트 박물관, 런던
사샤, 〈르 트랭 블루〉사진, 1924, 빅토리아 앤 알버트 박물관, 런던
샤넬, 파리 국립오페라의 오프닝 갈라, 2021, 유튜브
발망, 〈르네상스〉 발망 × 파리 오페라, 2017, 유튜브

현대카드, 2014 현대카드 컬쳐 프로젝트16 〈백설공주〉, 2014, 유튜브
로열 오페라 하우스, 〈베아트릭스 포터〉, 2009, 유튜브

제3장 튜튜 제작소

이린, 이희재 작화

제4장 발레 의상에 관한 궁금증

이린 작화

자료조사 및 이미지 참조

프랑스 국립 도서관, https://www.bnf.fr/fr
영국 빅토리아 앤 알버트 뮤지엄, https://www.vam.ac.uk
미국 메트로폴리탄 뮤지엄, https://www.metmuseum.org

튜튜, 욕망을 입다

초판 1쇄 발행 2022년 4월 22일

지은이	펴낸이	주소
정한아	윤지영	06232 서울시 강남구 강남대로 382 18층
삽화	편집	이메일
이린, 이희재	윤지영	flworx@gmail.com
디자인	교정	홈페이지
로컬앤드	김승규	floorworx.net
	펴낸곳	인스타그램
	플로어웍스	@floorworx_publishing
	출판등록	페이스북 페이지
	2019년 1월 14일	@Flworx

ⓒ정한아, 2022

ISBN
979-11-978533-6-4 03680

※이 책은 저작권법에 따라 보호받는 저작물이므로 저작권자와 출판사의 허락 없이
 이 책의 내용을 복제하거나 다른 용도로 쓸 수 없습니다.
※책값은 뒤표지에 있습니다. 잘못된 책은 구입한 곳에서 교환해 드립니다.